一方水土养一方人

一个地名存几世回忆

路名、村名、城市名……

时光流淌

哪些熟悉的家乡符号行将作别

几多曾经的传说又将化作流水

致我们正在消逝的

文化印记·地名故事

阎晓明　主编

中国广播影视出版社　CNR

《致我们正在消逝的文化印记·地名故事》
编委会

主　　编：阎晓明

副 主 编：赵子忠、赵忠颖、刘晓龙、杨文延、
　　　　　史　敏、姜海清

编委会成员：潘晓闻、蔡小林、蔡万麟、刘智力、
　　　　　李存星、胡国华、高　岩、魏漫伦、
　　　　　朱宏钧、赵　薇、尹亦诚、彭忠蛟、
　　　　　陶　磊、王　健、伍　刚

统　　筹：赵　威、钱　伟、张华杰、张玉梅、
　　　　　石　勤、吉梅洁、魏鬲凡、王　薇、
　　　　　赵　净、张劲涛、韩　舶、朱　虹、
　　　　　李雪南、任　芳

编　　写：高　岩、刘　钦、刘　黎、习　莹、
　　　　　肖　源、杨　宁、冯　烁、刘　飞、
　　　　　白杰戈、栾　红、刘华栋、赵　飞、
　　　　　杜　震、周　洪、韩民权、王成林、
　　　　　郑　澍、左艾甫、任磊萍、傅闻捷、
　　　　　苏　扬、权　胜、王　敏、李晓东、
　　　　　单丹丹、翁春柳、苏婕婷

组　　稿：黎　明

序

《致我们正在消逝的文化印记》是中央人民广播电台从 2015 年年底开始推出的系列报道，是纯粹的声音作品。今天要以文字的形式面世了。在艺术形式的转换中，通常是由文字改编成影像或者音频，现在要由音频改编成文字，这种"本末倒置"的转换，对大多数人来说是新奇的，会令人产生一探究竟的冲动。

《致我们正在消逝的文化印记》是一个关于传统文化的广播节目，她所表达的意思是多方面的，这从标题中就有体现。"致"表达的是敬意和怀念，"我们"流露的是亲情和血缘，"正在消逝"有一种急迫之感，也说明一种状态，"文化印记"是这个节目的主体和核心内容。简而言之就是对传统文化的现状的描述，境况的焦虑，对祖先的敬畏，和一份沉甸甸的责任。原来的题目叫"致我们即将消失的文化印记"，"即将"似乎是不可改变的，无奈的情愫太浓。"正在消逝"则表达一种刻不容缓的警醒，一种对保护和抢救的呼唤。2013 年年底，习近平总书记提出"望得见山、看得见水、记得住乡愁"的理念，这个节目就是对习近平总书记这一文化思想的新闻传递，更确切地说是声音阐释。

"文化印记"是人类生生不息的记录，有斗转星移中的世相百态，有沧海桑田中的人情冷暖；有庙堂上的宏图大业，有市井乡野的质朴人生；有心底流出的悲欢离合，有口口相传的乡规民约……温馨得让人落泪，深刻得让人颤栗，精美得让人窒息，真实得让人叹息。凡此种种，培植了一个民族顽强的生命力，延续了一个民族的文脉，这是一个民族博大的财富，是来路的车辙，前途的参照。

这组作品包括了方言、地名、礼仪、工匠、民歌、习俗、戏曲、生态、文物、美食、功夫……既有对传统文化现状的报道、保护的思考——履行新闻工作社会现象瞭望者的本职；又有对正在消逝的传统文化的搜集和保存——体现口述历史和原始记录的功能，作为传统文化的音频资料，这是广播的优势，也是中央人民广播电台保护传统文化的另一种职责。

声音是广播的独特介质，是通过听来接受的。声音蕴含着特殊意境，激发情感、触动思考，给人们以无限的想象空间。而听的最大特点是不受肢体语言影响，具有接收信息的纯粹性，使人宁静、直击心灵，是很多高雅信息的最好传递形式。《致我们正在消逝的文化印记》是典型的声音产品，新闻的、文艺的、技术的，多种手法的运用，大大增强了作品的表现力和感染力，使《致我们正在消逝的文化印记》获得了全新的收听体验。我们也许可以大胆地做出这样的判断：广播正在迎来一个重新发现声音、研究声音、创造声音的新时代。《致我们正在消逝的文化印记》的成功，启示我们需要进一步解放思想，把声音放到一个更高的战略层面去认识，让声音真正成为广播的"专业特质"，产生更具感染力的效果，形成不可替代的竞争优势。

和单一的广播作品的制作不同，《致我们正在消逝的文化印记》尝试新媒体生产全程介入创作过程，根据不同平台不同媒介的特质，对周边产品进行挖掘，方言表情包、老建筑电脑屏保图、有声明信片等都颇有新意，延伸了产品链条，形成了音频、视频、文字、照片、图画合成的传播样式，提高了传播质量。媒体融合的背景下，传播者与被传播者已经形成了新型的互动关系。这种互动不只是体现在浅层次的表达，而是深入心灵、影响情绪，表现为参与、体验、共鸣与分享。这就要求新闻生产除了传播信息，还必须创造更高的思想价值、情感价值和艺术价值。就广播而言，就是不满足于实用性的收听，更要追求思想的碰撞、情感的共鸣和艺术的享受。实践证明，互联网只要为我所用，就会为广播带来更为广阔的想象和创意空间，这将是广播传播的新天地。

新闻是易碎的，文化是永恒的。易碎指的是新闻的"新"，永恒意味着文化的源和远。如何以易碎呈现永恒，在社会变革的大时代，具有深远的意义。新闻从业者应该有这样一种情怀：即便易碎，也当有"大弦嘈嘈如急雨，小弦切切如私语"的声响。而这样的碎声，自然成了文化的一个元素，一个印记。今天的新闻就是明天的历史。好的新闻也当是文化印记。

我以敬仰传统文化，挚爱新闻职业的心情写下这段文字。

阎晓明

目　录

讲古"双门底"…39

现在的北京路，古老的"双门底"，从明清的路面一直到宋元的路面，这里就像古树的年轮一样，时光依旧斑斑可考。

"琅琊郡里有门庭。"琅琊，一个富有诗意的名字，其在中国历史上有着堪称辉煌的荣光。只是如今，能被人们唤起的已不是"琅琊"，而是"临沂"。

曾经有个"开封县" … *107*

说起"开封",很多人都会想到开封市。可是,又有多
少人知道,"开封"这个地名,最早却是来源于西汉时
的"开封县"。

等你回襄阳···*137*

襄阳,一度曾被称为"襄樊",直到 2010 年,方还襄阳古称。地名更替,来回往复,不知是找回了千年前的襄阳,还是丢了一甲子的襄樊?

地名是人类各个历史时代活动的产物。它记录了人类探索世界和自我的辉煌。

作别闸北

作
别
闸
北

作别闸北

随着闸北和静安合并为新的"静安区"

作为地名的"闸北"

不知有多少人

在若干年后还记得

记得这个曾经的"华界工业大本营"

记得这个曾经的"下只角"

　　闸北是上海城的"前夜",它见证了上海半个世纪的荣光,也接受了上海半个世纪的鄙夷。盛衰与焉,闸北都将褪去,褪往我们记忆的深处。

苏州河之闸

说起闸北，就不能不说苏州河。

河网密布的太湖平原，有两条河曾对上海产生过重大的影响。他们携卷着丰沛的太湖湖水一路向东，注入东海，两岸的村庄与城镇也随着河水的起伏而兴盛衰亡。

这两条河，一为吴淞江，一为黄浦江。

闸北一词源于苏州河（吴淞江）上的两座水闸。老闸建于清康熙年间，新闸建于雍正年间。嘉庆年间，在老闸和新闸周围形成了两个集市，上海开埠以后，新闸、老闸北面也开始发展，闸北之名开始出现。（插画：孔颖）

闸北區

N

蘇州河

上海开埠以后，部分爱冒险的外国移民从上海乘船而上，溯吴淞江直达苏州，于是又称此江为"苏州河"，意为直达苏州的大河。

清代康熙十四年（1675年），苏州河上建起了第一道水闸，也即后来所称的老闸。雍正十三年（1735年），人们又在老闸西面三里外的金家湾建起一道新闸。

为什么造闸？为的是拦截泥沙，涨潮的时候就把闸放下，退潮的时候就把闸抬起来。

嘉庆年间，吴淞江两岸日渐繁荣，江上船来船往，贸易兴盛。老闸和新闸周围也逐渐形成了两个集市。

其中，新闸市集为苏州河下游航运的主要泊船地，集上有船作、铁铺和商肆，市面较盛，而老闸市集附近的吴淞江北岸区域大多仍是田野。上海开埠以后，新闸、老闸北面也开始发展，闸北之名开始出现。

清朝末年，闸北地区因地价低廉，水陆交通

苏州河今貌。

便捷，吸引得一些清政府官僚和民族资本家纷纷投资，争购地皮，建厂开店。

第一次世界大战期间，闸北民族资本迅速发展，至 20 世纪 20 年代末已被誉为"华界工厂发源之大本营"，并成为华界近代文化中心之一。

彼时的闸北，见证了辛亥革命后中国民族工业的首个飞跃。当时，"Made in Zhabei"的国货足可与舶来的日货相较量。

老房子——一段最后的时光。

苏州河及它所带来的闸北，就这样成了上海最初发展的中心，催生了几乎大半个古代上海。

往昔有荣光

在上海的历史上，闸北有着特别厚重的历史记忆，它代表的是上海的"前夜"。

当时，为了抵御苏州河南岸的租界扩张，沪商富绅开始创办地方自治机构——闸北工程总局，闸北区境进入快速发展时期，闸北也成为特定的

上海闸北公园。

1880 年的老闸桥。

区片名称。

19 世纪末，中国民族工业复兴，闸北可以看成是一个缩影。

来自无锡的荣氏企业于 1912 年租下光复路新闸桥堍的地基、厂房，创办了其在上海的第一家工厂——福新机器面粉厂。

1916 年，英国人麦克利在上海闸北顾家湾（现中山北路、恒业路附近）开设广大工场，制造牌照、口杯、食篮、灯罩等搪瓷制品与日货竞争。

1917 年，刘达三与姚慕莲合资在闸北创设中华美术珐琅厂，这是中国人自办的上海首家搪瓷厂。

当时，闸北沪宁铁路与淞沪铁路车站周围逐渐形成了商业区，车水马龙，人来人往。闸北的东部和南部道路纵横，人烟稠密，其繁华堪与租界相比。闸北也因此被誉为"华界工业大本营"。

这其中，有些企业甚至延续至今。

60岁的媒体人胡展奋，对闸北早期的工业历史有着深刻的印象，但更让他惊奇的，是他在资料中看到的闸北。

1924年4月18日，一个声音在闸北商务印书馆会议室里响起。演讲的老人，正是第一次来到上海的印度诗人泰戈尔，他的身边站着担任英语口译的徐志摩。

图为印度诗人泰戈尔和林徽因、徐志摩合影。1924年4月18日，泰戈尔曾在闸北商务印书馆演讲，徐志摩担任口译。

　　茅盾也在闸北生活过十多年，他在宝山路最先遇到的一个小人物——宿舍管家福生，多年后"走进"了小说《子夜》。茅盾说，闸北，是他观察社会的窗口，他的小说里也因此充满了"闸北元素"。

　　翻看闸北的文化地图，20世纪初，蔡元培、郑振铎、叶圣陶长期住在闸北。二三十年代，鲁迅、瞿秋白、郭沫若也到闸北定居。闸北文化圈，甚至曾撑起上海现代文化的"半壁江山"。

　　闸北又有"新文化运动基地"之称，它是辛亥革命、中国共产党在上海早期革命活动的重要地区之一。特别是全国最大的印刷、出版文化企业商务印书馆，"亚洲第一"的东方图书馆均坐落

如今闸北区苏州河沿线旧城改造项目改造中的老平房。

闸北，尽展新文化运动成果之风貌，尽集中华民族文化精华之大成。

可是，谁又能料到，闸北的辉煌引来的，不是国人的注目，却是日本军国主义的忌恨。

战争遗恨

出于灭我中华文化、毁我民族工业的目的，在战争年代，日本军国主义对闸北实行了极其野蛮的肆虐。

1932年，"一·二八"事变爆发，日军首先

十九路军陵园。

向闸北华界进犯，在地面入侵的同时，日军又配合飞机、舰艇对宝山路一带进行了重点的轰炸、炮击。

十九路军面对日军的疯狂进犯，毫不畏惧，在爱国将领蒋光鼐、蔡廷锴的指挥下进行了英勇的回击，并演绎出一段可歌可泣的血泪悲歌。

无奈，十九路军势单力孤，终以战略转移结束抗击。日军也得以在闸北暴虐28天。103条里弄街坊，数万间房屋，竟致毁于一旦。

原本引以为傲的商务印书馆，多次被炸，东方图书馆也被烧毁。

1937年，"八一三"事变爆发，闸北再次成为灾难的前沿。

日军对闸北烧杀掳掠，大批闸北建筑物被毁，工商业精华消失，文化教育也被破坏殆尽，人民流

"八一三"事变之后的闸北宝山路。

离失所，陷入无穷无尽的苦难之中。

当时，闸北大火三日，从上海市中心北望，白天浓烟滚滚，入夜火光冲天……

两次战争的摧残，闸北华界元气尽失，繁盛变成过往，穷苦成为现实，"棚户区""赤膊区"也成了闸北的代名词。

闸北与静安

闸北与静安比邻而居。

静安的名称来源于境内的千年古刹静安寺。在上海开埠以前，静安区只是一片租界区，触目皆是荒凉的农田和坟墓。

这是清朝统治者的目的。当时的静安完全处于郊外，统治者将这片地区租借给洋人，满以为自己压力较小。可没想到，洋人却以静安为依托，兴建起一个繁盛的城市。

在"一·二八"事变和"八一三"事变中，静安因为自己租界区的特殊原因，免去了日军的

静安区因境内古刹静安寺而得名。静安寺现位于上海市南京西路，为著名江南古刹。据碑志，建于三国吴大帝孙权赤乌十年（247 年），于南宋嘉定九年（1216 年）迁至现今寺址。（插画：孔颖）

疯狂肆虐，在闸北凋落之际，它却仍旧繁华。

为此，上海人独创出两个词汇——"上只角"和"下只角"。

"上只角"指静安这类繁华的租界区，"下只角"指居民以棚户民为主的闸北这类穷困区。

上海人过去（尤其是 20 世纪 80 年代）会非

　　1949 年的上海仅仅只有相当于今天市区的范围，就要划分为 30 个区，是当时的管理水平所限。而今天，技术水平的提高、管理方式的改善，使得同样的人力、物力、财力，可以有效地管理地理面积数倍于以前的区域。

　　常固执于这种差异，它也给人带来了诸多观念上的不同。

　　金宇澄在《繁花》第一章中，便曾有这样的描述："当年阿宝十岁，邻居蓓蒂六岁。两个人从假三层爬上屋顶，瓦片温热，眼中是半个卢湾区，前面香山路，东面复兴公园。东面偏北，有祖父独幢洋房一角……东南风一劲，黄浦江的船鸣，圆号宽广的嗡嗡声，抚慰少年人胸怀。"字里行间描述的，就是典型的"上只角"。

而说起下只角，鲁迅先生的生花妙笔，倒是形容得最贴切："倘若走进住家的弄堂里去，就看见便溺器、吃食担，苍蝇成群地在飞，孩子成队地在闹，有剧烈的捣乱，有发达的骂詈，真是一个乱哄哄的小世界。"

当年，如果一个住在静安区的小姑娘，跟住在闸北区的小男孩谈恋爱，她的父母恐怕会急得睡不着觉；而那些住在棚户区的小姑娘，天天盼着能够有朝一日嫁到"上只角"去——20世纪90年代初，根据程乃珊小说改编的电视剧《穷街》，讲的就是这样的故事。

老上海在社交中也会有一个习惯，会不经意问人家："府上住勒啥场化？"如果答说"上只角"的淮海路、南昌路、陕西南路，对方就会很谦恭；如果回答"下只角"的"三湾两弄"，对方就会露出一丝不易觉察的微笑。

对于这一点，胡展奋体会尤为深刻。

在胡展奋的童年，苏州河就是一条"狂野乐园"。脚下的老闸桥，身旁的垃圾堆，是他对儿时勇敢的回忆。

当时的小孩子喜欢看热闹。夏天，人山人海，

曾经的"棚户区"闸北，被上海人带有贬义地称为"下只角"。

棚户连篇的"滚地龙",一穷二白的"赤膊区",这些标签都曾经属于闸北。

从大桥上往下跳水,这是全市人民狂欢的时候,而跳水的人80%是闸北人。闸北人很勇敢,非常粗犷。

但出生、长大在静安区的胡展奋自小就明白,即使孩子们在同一条河里"扎猛子",即使同时听到苏州河上货轮的汽笛声，静安与河对面的闸北也好似两个世界。被叫作"滚地龙"的棚户房子拼搭在一起，上海人眼中的"下只角"、一穷二白的"赤膊区"，这些标签都属于闸北。

胡展奋记忆中的闸北，可以看到很多现在看不到的生活形态。人们吃饭喜欢放在门口吃，一到夏天，很壮观，东家西家全把自家的小桌放在外面，像小摊贩一样，聊天、讲讲社会的新闻。这家吃得比较好，红烧肉，那家吃得比较差，炒咸菜。

儿时跳水的垃圾桥，后来，胡展奋也是在这里向心爱的姑娘求婚。他说那一刻，大概是闸北人的勇敢感染了他，也或许，那一刻，他就是一个闸北人。

"那天是我们谈恋爱第三天，当年我就坐在那个桥墩上，她工作生活都在闸北区。那天夕阳西下的时候，我远远看着她，太阳照着她，她走过来，我就从桥上跳下来，她说她也永远忘不了这一刻。我说嫁给我吧，她说好的呀，哈哈哈哈……"胡展奋回忆中带着一丝亢奋。

"闸北区"——"赤膊区"，这是曾经对闸北谐音的戏谑。胡展奋说，小时候，他也这么喊过，直到有一天，被爷爷大声呵斥："你们知道啥，你们这些孩子开口就看不起闸北，要不是两次战争，它会像今天这样？它是我们中国人的地盘，比租界还繁荣。"

也就是从那时起，胡展奋开始重新解读闸北。

再会，闸北

但是，闸北终究还是成了历史。

2015 年 10 月，国务院批复同意静安区与闸北区"撤二

2015 年 11 月 4 日，上海市政府召开撤销闸北区静安区建制设立新的静安区大会，公布闸北区、静安区"撤二建一"，由此，上海全市区县的数量从 17 个减少到 16 个，闸北区建制在上海消失，新设立的静安区面积超过 30 平方公里。（插画：孔颖）

建一",建设新"静安区"。这是上海行政区划的第四次调整,却是舆论反响最为热烈的一次。

不知道有多少闸北人期盼,也不知道有多少静安人从内心抵制。

但是,为了城市功能布局的优化,为了能在更大范围内统筹资源配置,统一产业规划和功能布局,实现优势互补,提升中心城区的品质和能级,合并又势在必行。

那条流淌的苏州河,孕育了老上海,也在见证着新上海,宠辱不惊。

今天的闸北,苏州河边的老房子大量拆迁,曾经的棚户弄堂也早已变作了现代小区。闸北,正以前所未有的速度追赶着,而曾经的"闸北味道"也愈发难寻。

胡展奋知道,这里变化太大了。有些建筑以前是没有的,现在都是工地了。以前这里全是老房子,有一家很有名的"天府牛肉面",那是一流的牛肉面,他常来吃。但就最近五六年,正在拆,大规模地拆迁,如果他不说的话,这些事情没人会知道。

静安、闸北两区合并，"闸北"的名字没有了，有关它的记忆还能留多久？

胡展奋说："'八一三'是在哪里打的？闸北啊！不能说是静安。静安更多是一个行政名称，闸北以后就成了一个地域性、历史性的名字。"

闸北、静安两区合并的消息公布后，一首名为《闸北区　静安区》的沪语歌也在网上流传开

不少闸北的父母，期待这一次的合并能给孩子一个可能——去静安的重点学校就读。

来，创作者是上海话歌手王渊超。

这是这首沪语歌词翻译的摘选："以前丁力在闸北，想住霞飞路，霞飞路就是淮海路啦，现在并到静安也算气得过，也算心里比较平和、比较开心。闸北区、静安区，马上你们就要合并，变成过去……"

年轻人在用自己的方式表达关注，与往日的闸北告别，60 余岁的胡展奋也在同他的闸北告别。

胡展奋表示："老闸北，就像保鲜一样把我的青少年时代速冻在那里。闸北作为一个符号对人是有影响的，他的名字改了，其实我们心中的闸北还在。"

繁华的、落魄的，那都是闸北。某一个瞬间，总有些什么，能让你感受到"闸北记忆"的气息与温热。

2010 年，北京内城四区合并，"不崇文、不宣武，只剩东西"；

2011 年，上海卢湾、黄浦两区合并为"大黄

浦区";

2014 年，广州萝岗和黄埔合并为"新黄埔区"。

……

在这个过程中，有很多"地名"像闸北一样，被逐渐从地图上抹去。

这样的故事在不断上演，它属于过去，却在向未来展开。

电视剧《上海滩》里，丁力遇到许文强时，有句经典的台词："文哥，我的理想就是有一天把家从闸北搬到霞飞路或静安寺。"这一天，丁力的梦想基本实现了。

记者手记

　　一个地方名字的改变，究竟意味着什么？

　　为了找到问题的答案，我来到上海，听一些人讲他们的闸北故事。

　　如果真的可以穿越，回到 1912 年的闸北，你也许会看到这样一幅景象：一条不长的莫干山路，被连成片的面粉厂占据。数以百计的船只停靠在苏州河一个热闹的"三角洲"。远处，不断有载满货物的小船涌来，船上堆满了一袋袋的面粉，四散的粉末，在阳光的照耀下弥漫开来。人声、车声、汽笛声……交相呼应。这是上海文广主持人曹可凡描绘中的闸北。当年，他的曾外祖父就在这样一个车水马龙的兴旺之地创建了鼎鼎大名的福新机器面粉厂。那是昨夜繁华的闸北。

阿杨第一次到
闸北，是去"考察"
父母单位的新居。
1978年10月，一家
人跨过苏州河，来
看闸北第一座电梯
高楼。阿杨点点头，
很满意。一个月后，
一家人从"上只角"

记者杨宁采访上海文广主持人曹可凡。

搬到了"赤膊区"。说起那段闸北的时光，坐在我
对面的阿杨抬起头，微笑着说那是一段特别简单
快乐的日子：第一次去闸北同学家做客，迷失在
鸡犬相闻的棚户弄堂；冰凉的井水，裹着浓油赤
酱的烟火气；还有望不到头的铁轨，躺在枕木上，
引人踏足……

闸北区苏州河沿线旧城改造项目正在部署中，
许多老房子正在拆迁，取而代之的，将是一幢幢
摩天大楼。并区之后，在闸北买房就能拥有静安
户口，新出生的孩子将会获得"310106"的身份

证号码开头。电话里，陈伟自称"闸北土著""彭浦新村二代"。当年，他亲历"滚地龙"变身"小区文明"。此刻，对于静安、闸北的"联姻"，他有着自己的盘算：希望父母能去级别更高的医院看病、期待孩子能去静安的重点中学就读，会不会有一天，闸北也成了"上只角"……

地名，一个符号之下究竟包含了多少？对城市文明与市民生态将产生怎样的影响？

静安区与闸北区的边界，在2016年新版城区地图上不复存在了。看客们在网络上表达着焦虑与不安。但时间会疗愈一切，时间也会告诉我们一切。

不再是一个区级行政区划的名称，但属于闸北的荣光永远不会消散，就像老胡说的：闸北，与有荣焉。

这是城市地理的自然迁徙，但城市发展，终需留点记忆。

杨　宁

上海一滴

张恨水

据朋友说，上海市民，有六七百万。所以上海人来人往，在繁华的几条街上，简直都是人。人虽然比以前多了，但是交通秩序，显较以前大有改进。

上海马路，有几条却是挤窄得很。若福州路、南京路，是最繁华的地方，都嫌挤窄了。现在把那最挤窄的地方，开始放宽些。上海地方，拆房子真是不容易的事，一幢临马路的房子，拆起来要上万。我们算一算，拆出一条马路要花多少钱呢。

上海黄浦江边上，从前也是相当的挤窄的。现在拆填很宽，有人行道，有马路，还有花圃。听说每日走这条路的人和电车、汽车比哪条路都忙。

上海跑马厅，从前是大花钱的地方，若是还有租界，中国人别想去逛。现在改了公园了。这很有意思。公园有三座门可以进去，里面有茶社。茶社里尚有便餐供应。进门有荷塘，有花园，尚有跑道。上海求这样大的一个花园，是难得的。

公园隔壁，这就是博物馆。博物馆占了两层大楼，里面的陈列，和南京差不多。也是从三千多年以前殷代的骨器陈设起，到近代珐琅瓷器等为止。该馆印有"上海博物馆陈列室简要介绍"，这对初次进博物馆的人很有帮助。

你到了上海，总想看一回戏，尤其是越剧、京戏。可是工人有钱看戏，看戏的人太多了，戏票非常难买，好一点的戏，总要排上几个钟头班。你若是一个人到上海来，总会有点儿事，看戏这件事，那就牺牲了罢。

当这天气十分热的时候，你到了上海，你总要洗一回澡。那末，仔细算一算，还是住国际饭店，比较合算。因为该店最低的价钱，是三元五角。虽是最低的价钱，却是洗澡盆样样都有，洗两次澡，洗澡堂里的钱，就省出来了。

上海城隍庙，是老住上海的人都知道的。到这里来一次，什么东西不时兴，什么东西尚可以，这里会给你一种暗示。这里等于是一种土产品的百货公司，若是能找个老上海陪同去买，那就更好了。

关于衣服的问题，以前到上海去的人，总得考虑一番。现在已经没有这种考虑了，只要穿得干净，什么衣服都可以。至于上海人穿的衣服，男的一般是西服裤子，上着衬衫。穿西服的也有。女子穿的当然漂亮一些。

天空的点缀

萧 红

用了我有点苍白的手，卷起纱窗来，在那灰色的云的后面，我看不到我所要看的东西（这东西是常常见的，但它们真的载着炮弹飞起来的时候，这在我还是生疏的事情，也还是理想着的事情）。正在我踌躇的时候，我看见了，那飞机的翅子好像不是和平常的飞机的翅子一样——它们有大的也有小的——好像还带着轮子，飞得很慢，只在云彩的缝际出现了一下，云彩又赶上来把它遮没了。不，那不是一只，那是两只，以后又来了几只。它们都是银白色的，并且又都叫着呜呜的声音，它们每个都在叫着吗？这个，我分不清楚。或者它们每个在叫着的，节拍像唱歌的，是有一定的调子，也或者那在云幕当中撒下来的声音就是一片。好像在夜里听着海涛的声音似的，那就是一片了。

过去了！过去了！心也有点平静下来。午饭时用过的家具，我要去洗一洗。刚一经过走廊，又被我看见了，又是两只。这次是在南边，前面一个，后面一个，银白色的，远看有点发黑，于是我听到了我的邻家在说：

"这是去轰炸虹桥飞机场。"

我只知道这是下午两点钟，从昨夜就开始的这战争。至于飞机我就不能够分别了，日本的呢？

还是中国的呢？大概是日本的吧！因为是从北边来的，到南边去的，战地是在北边中国虹桥飞机场是真的，于是我又起了很多想头：是日本打胜了吧！所以安闲地去炸中国的后方，是……一定是，那么这是很坏的事情，他们没止境地屠杀，一定要像大风里的火焰似的那么没有止境……

很快我批驳了我自己的这念头，很快我就被我这没有把握的不正确的热望压倒了，中国，一定是中国占着一点胜利，日本遭了些挫伤。假若是日本占着优势，他一定要冲过了中国的阵地而追上去，哪里有工夫用飞机来这边扩大战线呢？

风很大，在游廊上，我拿在手里的家具，感到了点沉重而动摇，一个小白铝锅的盖子，啪啦啪啦地掉下来了，并且在游廊上啪啦啪啦地跑着，我追住了它，就带着它到厨房去。

至于飞机上的炸弹，落了还是没落呢？我看不见，而且我也听不见，因为东北方面和西北方面炮弹都在开裂着。甚至于那炮弹真正从哪方面出发，因着回音的关系，我也说不定了。

但那飞机的奇怪的翅子，我是看见了的，我是含着眼泪而看着它们，不，我若真的含着眼泪而看着它们，那就相同遇到了魔鬼而想教导魔鬼那般没有道理。

但在我的窗外，飞着，飞着，飞去又飞来了的，飞得那么高，好像有一分钟那飞机也没离开我的窗口。因为灰色的云层的掠过，真切了，朦胧了，消失了，又出现了，一个来了，一个又来了。看着这些东西，实在的我的胸口有些疼痛。

　　一个钟头看着这样我从来没有看过的天空，看得疲乏了，于是，我看着桌上的台灯，台灯的绿色的伞罩上还画着菊花，又看到了箱子上散乱的衣裳，平日弹着的六条弦的大琴，依旧是站在墙角上。一样，什么都是和平常一样，只有窗外的云，和平日有点不一样，还有桌上的短刀和平日有点不一样，紫檀色的刀柄上镶着两块黄铜，而且不装在红牛皮色的套子里。对于它我看了又看，我相信我自己绝不是拿着这短刀而赴前线。

　　　　　　　　　　　　　一九三七年八月十四日

讲古『双门底』

讲古『双门底』

讲古"双门底"

双门底

永清路

永汉路

北京路

地名几次更迭

城市发展，街巷名称如何保留？

改变与传承，我们又要怎样思量？

　　繁华的北京路，有着多个历史文化层，从明清的路面一直到宋元的路面，就像古树的年轮一样，斑斑可考。只是，街道依旧，曾经的"双门底"之名，却不知已埋藏在了多少人的记忆深处。

"双门底"故事

现在一说起北京路,全国很多地方的人都会说:"我们这儿有。"

清晨的广州市北京路。

其中,最年轻的"北京路",应该在三沙市永兴岛上。而比较有名气的,广州市的北京路算一个。它是广州市越秀区的步行街,是广州建城的基础核心之地,古时候的CBD。

不过,早年间,这里叫作"双门底"大街。

讲古仔 讲古仔

旧时有个陈德贵

住喺双门底

北京路附近拥挤小巷中的菜场。

佢个细蚊仔

餐餐食饭唔开胃

成晚黑扭计

肚煲大　颈柄细

吮手指 流鼻涕

唔使问阿贵

梗系生癞仔

自从食咗芝荙饼

瘦仔变肥仔

芝荙饼　真架势

广州光复中路

郭芝良创制

　　朗朗童谣出自20世纪40年代广州某家商业电台的一则药品广告。里面叫陈德贵的人，就住在双门底大街。

　　不过，说起"双门底"，最有名的还是关于它的故事。

　　"双门底"有着多个历史文化层，从明清的路面一直到宋元的路面，就像古树的年轮一样，斑斑可考。

　　透过保护玻璃，我们依稀可以看到苏轼、李纲南来时留下的脚印，陈白沙、湛若水入城时细抚过的手泽。至于曾在此经过的，像利玛窦、沙皇尼古拉这样的旧时"番鬼"也让人怀想……

　　到了晚近，这里就更是云从龙、风从虎之地。

　　鸦片战争结束，广州被定为五口通商口岸之一，清廷允许外国人入城。

　　1842年8月，广州市民出于爱国心的驱使，联络起来共同把守城门，坚决不让洋人入城。

　　1845年12月，广州知府刘浔会见英国香港总督德庇时后回城，路经双门底。不知是无心还

1862年的广州城。
（Milton M.Miller 拍摄）

是蓄意，有个挑担的卖油汉子歇在双门底路中央。拥轿骑兵喝令他让路无效，刘浔大怒，下令把他拖至轿前，当街鞭笞。

这可不得了！一时间群众聚集在双门底，密匝匝围着官轿喊打喊杀。刘浔见势不妙，夺路而逃。

两广总督耆英恐酿成民变，迅速处置。并极精明地利用这次突发事件照会德庇时，通报情势，提出取消商谈。外国人要求进入广州城的努力，也得以再一次受挫。

清末，在白沙巷口的一间旧书楼，孙中山和康有为欲谋在此一聚，最终不果。二人从此各行各路，遂使"双门底"成了"改良"与"革命"的双门。从这双门走出去的，乃是席卷全中国的巨大的政治步伐。

……

而在民间，还曾普遍流传一个"双门底卖猫"的故事。

相传，晚清时双门底有个花市，有人在花市

上卖古董、字画。有一次，一个文人正在摆卖自己画的老虎，谁知一位逛花市的小孩来到档口前，大叫一声："哗，这么大的猫！"一时引得全场大笑。

从此，广州市井中人便用"双门底卖猫"一语代替了"画虎不成反类犬"的俗语。

"双门底"之古

"双门底"是极为古老的，古老到它见证了广州城数千年的历史。

公元前214年，秦朝统一岭南，秦南海郡都尉任嚣在今广州一带建起任嚣城，这被认为是广州的建城之始。到得后来，赵佗依广州城建起独

赵佗建立的南越国，王城就在双门底一带。

霸一方的南越国，其王城就在双门底一带。

三国时分，吴国交州刺史步骘把交州治所迁至番禺（古广州名），扩大赵佗之城，世称步骘城，其南门在番、禺二山之间，中间为南至海边的大道，即今北京路中段。吴黄武五年，历史上开始有了广州的称谓。

唐朝末年，岭南节度使刘隐命人凿低南门两侧的番山、禺山，在南门上建清海军楼，登楼览胜，使其可尽收羊城景色于眼底。这幢高楼，设有双门，人称"双阙"。

曾经的拱北楼，现已无迹可寻。

至宋时，"双阙"得到大规模的改建，新楼长十丈四尺、深四丈四尺、高三丈二尺，上为楼，下为两个并列的大门，俗称"双门"。

清时，该楼改为"拱北楼"，楼底街道则命名为"双门底"。在粤语中，"底"的意思是下面，双门的下面，也即"双门底"。

清初平南、靖南"两王入粤"，攻陷广州后，拱北楼之西门归平藩守，东门归靖藩守，两人平分秋色。"双门底"也被分为几段，从拱北楼至大南路一段叫雄镇直街，大南路得名于这里原是内城的大南门，门外是南门直街，连接泰康路口的永清门。永清门外至珠江边叫永清大街。

辛亥革命后，清朝倾覆，民国成立，永清门改为永汉门，纪念光复汉族，永清大街也改为永汉街。

1918年10月，广州市政公所进驻育贤坊禺山关帝庙，大规模城市改造运动随之轰轰烈烈展开。永汉街至双门底又被统称为永汉路，其后一度改为汉民路，不久又恢复为永汉路。

1966年，"文革""破四旧"狂潮席卷广州，8月23日，中山大学哲学系一年级红卫兵发出倡议，要求把永汉路改为北京路，取"身居广州心

20 世纪 20 年代广州市鸟瞰。

向北京"之意。

　　仅仅两天之后的 8 月 25 日，永汉路便正式改名为北京路了，《广州日报》在第二天还有这样的报道：

　　昨天（25 日）下午 4 时许，当新命名的"北京路"钉上了第一块新路牌时，汇集在这条马路上共庆"北京路"诞生的人们，激动的情绪达到了新的高潮。这时，锣鼓声、鞭炮声、掌声、欢呼声汇成一片。"毛主席万岁！""无产阶级文化大革命万岁！"的口号声响彻云霄……倡议把"永汉路"改名为"北京路"的中山大学哲学系一年级的"红卫兵"们也赶来了，他们激动地说："党的英明决定，大长革命人民的志气，大灭资产阶级的威风，这是我们的大喜事！"

1997 年，北京路改为双休日准步行街；1999年改为周末商业步行街；2001 年改为全天候步行街；2003 年，北京路北段（财厅至中山五路）也开始实行分时段步行。

2003 年 1 月，北京路经重新整修后，铺设了可以俯瞰千年古道的玻璃路面，安装了充满变幻动感的彩虹喷泉和冷雾系统。

这条街道，梁伯和李伯从小走到大："前面的永汉电影院就是用这条路起名的。以前叫双门底啦，你问我们老家伙就可以讲给你……"

当年小童，今已耄耋。"双门底"的名字也

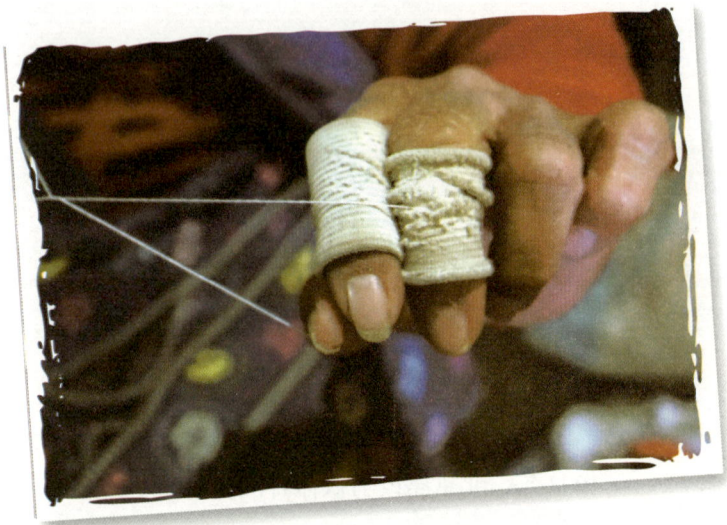

北京路上做捵面毛生意的阿婆。

几次更迭，从永清路，到永汉路，再到北京路。只不过，街道一直在时尚感与历史感中幻化无穷，恰恰，这又更彰显了它的迷人魅力。

岭南第一街

"双门底"从出现伊始，似乎就是广州城"繁华"的代名词。它处于老广州城的中轴线，市井繁华，商贾云集，素有"岭南第一街"之称。

清初，双门底两边便有了很多生意人，各式各样的营生应运而生。

其中，最有名的还是双门底花市。每年春节前后，这里便是一个锦天绣地的花花世界。花开如积雪，芬芳成烟云。

清代文人潘贞敏在《花市歌》中称："粤省藩署（今财厅）前，夜有花市，游人如蚁，至彻旦云。"后来，岁暮花市又成了广州过新年的习俗，流传至今，广州人雅致地称之为"逛花街"。

岁暮九月，华光神诞又为双门底带来新的高潮。成书于清朝的《南越游记》便生动地再现了双门底酬神活动的盛况：

1870 年的广州珠江。

雄镇街通衢建箦棚，棚高数丈，轩豁宏敞，涂以五色，皆花鸟人鱼之状。下复承以布幔，张灯施彩，中多琉璃洋物。市门各悬傀儡，造制奇巧，锦绣炫目。两旁栏内罗列名花珍果、珠玉古玩，

错杂繁朊，靡不工致。间数武则有彩轩，中奏八
音，歌声达旦，往来者流连观听。自藩署直至南
门，灯火辉煌，金鼓喧震，男女耳目，势不暇给。
凡三昼夜，复演剧以终其事，合计所费不下万金。

更有名的，是双门底的老店。

《广州城坊志》引清代文献记载："双门底陈
李济蜡丸药肆，肇自国初。"

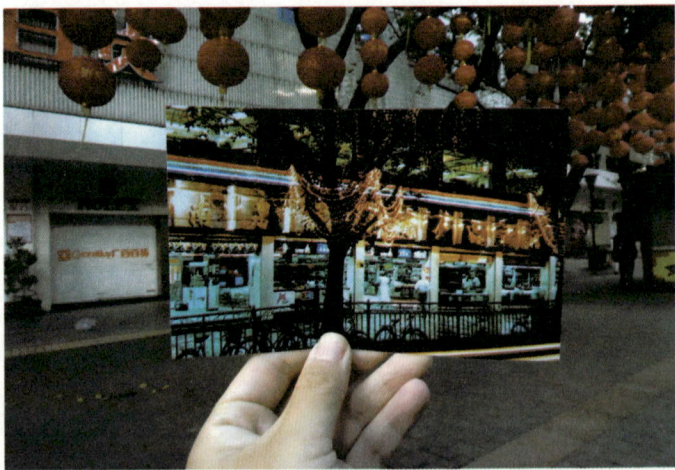

现在的广百，原来的南粤糖烟酒。

陈李济药厂创建于明万历二十八年（1600
年），一开始就建在大南门己未牌坊脚，四百余年
没有搬迁，一直忠实地守护着双门底，守护着广
州城。

坊间甚至有一种说法，"北有同仁堂，南有陈
李济"，其实"南陈"的历史，比"北同"还要长
69年。

陈李济生产膏、丹、丸、散、茶、油、酒、
锭八大系列的药剂，其中琥珀抱龙丸、追风苏合
丸、全鹿滋肾丸、附子理中丸，用蜡包裹，人称
"广丸"，名满杏
林，春暖人间。

相传清同治皇
帝患风寒，腹痛吐
泻，也是吃了陈李
济的药丸，霍然而
愈，因此敕赐"杏
和堂"三字，以示
表彰。

曾经的"陈李济"。

用于展览的微黄传统蜡壳。

陈李济药厂的两位老师傅赖老和小志，出自于陈李济蜡壳车间，他们找到当年的厂址，回忆："一个做蜡壳的车间，就在这里做，做完以后拉到正厂那边去包装。踩着三轮车，上面用竹子做的蒸笼，放着很多做好的半成品蜡壳。车水马龙很多车。很多小朋友就偷那个蜡壳来玩。他踩个三轮车，别人在那里偷。"

广州城第一家中国人开的西餐馆，也出现在双门底。

清朝咸丰年间，一个叫徐老高的熟食小贩，在其昌洋行当侍仔时，偷师学了一手做牛扒的绝活，离开洋行后，先在大南门外太平更楼下摆摊卖自制牛扒，肉嫩多汁，浓香满街，卖出了名堂，后来又在太平沙开了一家番菜（西餐）太平馆。徐老高之后，其子徐焕和徐枝泉承继父业，更是把太平馆经营得风生水起。

民国年间，双门底一带更显繁华。

中央电影院、永汉电影院、南关影画院、天星影画院、中央舞厅、大新公司支店天台游艺场，以及涎香、南如、吉祥、永乐茶楼、哥伦布西餐，大大小小的酒楼、茶室、冰室，挤满了这条流光溢彩的马路，吃喝玩乐，无所不有。

"双门底"太平馆。

1985 年，以广州百货大厦为标志，这里又开始了划时代的转型。大批时装店、皮具店、鞋店、精品店，抢滩北京路，而文化用品店则逐步撤离，或改换门庭，挂起了各种名牌连锁专卖店的招牌。

店铺间交织着"咚咚"的音乐声和叫卖声，淹没了街角铜壶滴漏的潺潺。

时光荏苒，北京路已经成为一条集文化、娱乐、商业于一体的街道，日均人流量达 40 万人次，节假日更高达 60 万人，峰值达百万人。

只是，繁华还在，"双门底"之名却已远去。

"双门底"记忆

"双门底"成为"北京路"后，知道"双门底"的人便已不多。

"双门底"得名的拱北楼，只剩一个日渐残旧的石鼓矗立在那里，作为拱北楼曾经存在的印记。除了想象城门楼上两个城门洞并排，没有人见过拱北楼真正的模样。

当年，陈李济药厂的药香是它的门牌，而今也早已做起了别的买卖。

赖老找了很久才找到它的厂址："就这一栋，这个门口是 282 号，就是这间。好像没门牌了，这是 280 号，那是 284 号，应该就是 282 号，整修过应该是门牌拆掉了。"

"双门底"记忆。

药香褪去，药厂搬迁，厂房转作他用，如今两家洋快餐的招牌夺目。只有把目光从街面移开，后退、再后退、仰头，才见药厂招牌在建筑最顶部，店铺间交织着"咚咚"的音乐声和叫卖声，淹没了街角铜壶滴漏的潺潺。

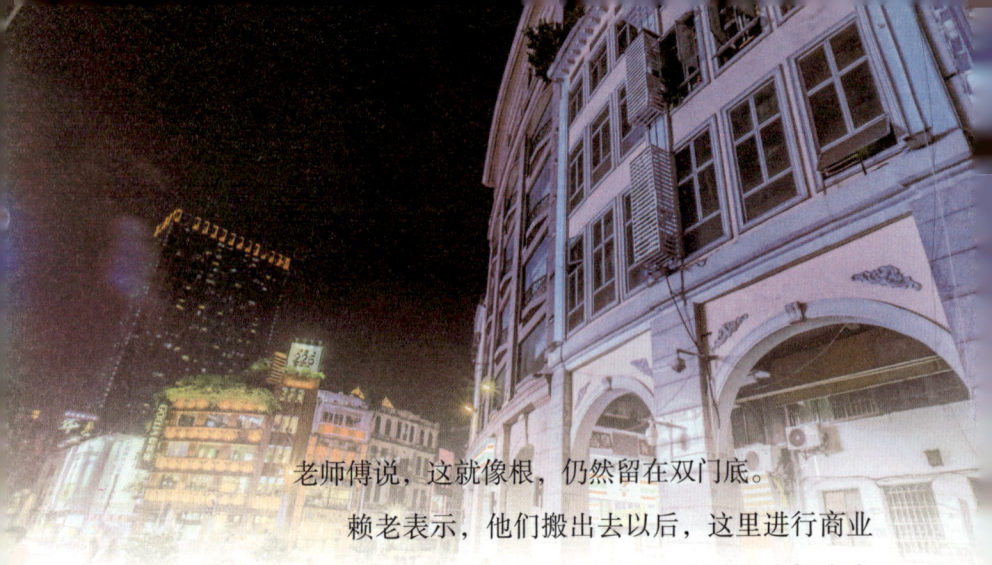

老师傅说，这就像根，仍然留在双门底。

赖老表示，他们搬出去以后，这里进行商业改造，他们厂提出的唯一要求是留下这个标志在这里。起码这个 194 号曾经是陈李济的旧厂，除了这个标志，其他都面目全非了，完全看不出来了。

铜壶滴漏曾是我国古代测量时间的装置，根据水流速度，看木制浮箭被水升到的刻度来度量时间。双门底的一件铜壶滴漏直到 20 世纪还在使用。

在粤语讲古传承人彭嘉志眼里，这铜壶滴漏的声音只有"老广州"才懂得。

彭嘉志表示，广州人有句话叫"有牌"，要等你很久——这个人有牌才能等到他。双门底以前有铜壶滴漏，但是到了时间，不是每家都有钟，就靠人去报时。当时有个职能是巡城马，就是举个大牌，骑着马在大街上跑，一路上人们看到巡城马的牌子大概知道现在是什么时间。报时的牌，后来就变成了时间的代名词。

楼不再，商家更替；古旧不再，潮流迭代，周边的兴旺未减。

也许，只有从事文物考古的人，才更懂得"双门底"的珍贵。

北京路周边的其他街道。

2002 年，北京路开挖地面，发现了千年古道和拱北楼建筑遗址。

千年古道部分遗址通过覆盖玻璃的方式，向公众展示，由唐朝到民国时期共 11 层路面。遗址立面，时代的更迭清晰可见：双门底大街、永清路、永汉路……一层叠一层。

从事广州文物考古的朱海仁称，宋代的时候

"双门底"渐渐隐于历史深处，或许有一天也将消失在广州人的记忆里。

是砖铺地面。宋代的这个基子废弃了之后，到了明代的时候又重建。在上面又垫了六七十厘米的一层土，上面又铺石头地面。

有人说，城市起源于街巷。

但站在我们这个时代的路面上，匆匆穿行的人们越来越少在古道上停留，路口交通灯的提示音交替，催促行人快些走过。"双门底"渐渐隐于历史深处，或许有一天也将消失在记忆里。

记者手记

　　文化几乎包罗万象，然而如果最初抵达一座城，你会想起什么呢？伴随着中国三十多年来房地产市场的崛起，标准化的建设往往让城市与城市之间多了几分共性，少了几分特点。作为经常在全国各地的记者，我们大概有一种相似的体验，在全国各地看到很多几乎一致的楼盘，这种体验，如果不是气温有所不同，可能会让我们仿佛感受不到出差的兴奋。从机场前往城市中央的路上，苍穹之下的黑色的夜，柔和的金黄的灯勾勒出楼宇大致的轮廓。如果不是登机牌上提醒着你，这是哪儿，你哪里会知道这是哪儿。更不会想到，在这个地方，在很多很多年前，也曾经有过那么一些人，他们在这里生活过，在这里笑过，哭过，他们的故事，在哪里呢？

18世纪的时候，出于对异文化的向往，很多人类学家开始踏上了异域去寻找不同的文化。这当然是吸引人的。为什么呢？其实很简单，就是因为不一

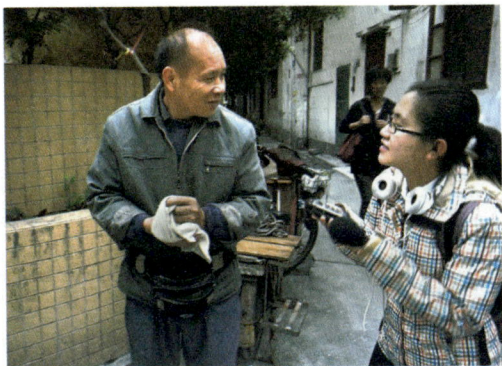

记者刘飞在广州街头采访。

样。我好歹算是在广州生活了十一年，占据超过我过去的三分之一的生命。重新回头去看，熟悉中其实充满了陌生。有意思的是，将时间的轮轴往前移动，慢慢地移，看到的是空间和空间里头的人们也在慢慢地变，原来还有这样的事啊，原来他们这么说话，这么穿着，这么土却又是这么时髦。

周六周日北京路上年轻的小伙搂着姑娘，手臂上拎着各种品牌，他们哪里记得"双门底"，只有清晨散步路过的白发老人才会颤颤巍巍地跟我

们说，那个时候他还小，北京路上街角处有一个大舞厅。

在不刮风下雨的几乎每一个夜晚，二沙岛沿江中路旁，总有歌手划拨吉他丝弦，一遍又一遍地用粤语深情地唱着经典的流行歌，引人停驻和唱，可也还有老广州的童谣、粤曲、粤剧，也在用另一种方式传颂："月光光，照地堂，年卅晚，摘槟榔，槟榔香，摘子姜，子姜辣，买蒲达，蒲达苦，买猪肚……"

一年多过去，我还能够想起，在最开始刘飞

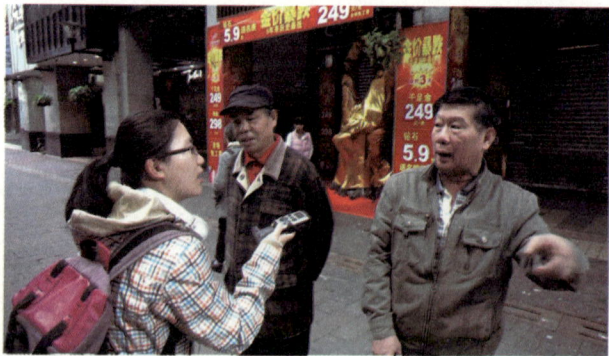

记者刘飞在广州市北京路采访。

和韦雪讲到采访项目时，我的激动和兴奋。这是我的幸运，我理解项目策划人的感觉，我们真的是可以来记录点什么，透过这些，来讲述一座城与另一座城的不一样吧。加缪说："认识一个城市的最好办法，就是去认识里面的人们如何工作、如何相爱，以及如何死亡。"加缪说的都显得沉重了些，认识一座城，还有许许多多的方式，比如，用脚步去丈量这个城市的老街，比如，在路口听听，听当地的人们如何用当地的语言伴着音乐歌唱。比如，去街角看看，大家是如何吃的，吃猪红汤，吃布拉肠，吃竹升面，吃云吞粉。

　　距离采访时间十三个月，我重新问起我那些深爱着岭南文化、深爱着广州的同事们，他们的印记在哪儿，他们各自在脑海中有一张地图，这张地图，也不一定是地名，不一定是音乐，韦雪就跟我说："想起来的全是吃的，其他的好像都慢慢记不清了。"她是对的，和生活越近，离文化也越近。

郑　澍

南游杂感

老　舍

一九六二年的上半年，我没能写出什么东西来。不是因为生病，也不是因为偷懒，而是因为出游。

二月里，我到广州去参加戏剧创作会议。在北方，天气还很冷，上火车时，我还穿着皮大衣。一进广东界，百花盛开，我的皮大衣没了用处。于是就动了春游之念。在会议进行中，我利用周末，游览了从化、佛山、新会、高要等名城。广东的公路真好，我们的车子又新又快，幸福非浅。会议闭幕后，游兴犹浓，乃同阳翰笙、曹禺诸友，经惠阳、海丰、普宁、海门等处，到汕头小住，并到澄海、潮安参观。再由潮汕去福建，游览了漳州、厦门、泉州与福州，然后从上海回北京。

回到家里，刚要拿笔，却又被约去呼和浩特，参加内蒙古自治区成立十五周年纪念大会，于是，就又离家十来天。这已是五月中了。

从北而南，从南而北，这次跑了不少路，到了不少地方。若是一一述说，很够说三天三夜的，也许难免啰唆。在路上，无暇为文，只零碎地写了一些短诗。现在，我想写点南游的感想，或不至过于琐碎。

公　园

在各地游览中，总是先逛公园，即由此说起吧。看了南北十几座名城，得到这个印象：凡是原来有的公园，都整整齐齐，采饰一新，而且添加了新的设备。几乎所有的公园里，都特为儿童们开辟了游戏场。我最爱立在这些小乐园外，看胖娃娃们打秋千,溜滑板,骑五彩的木马。真好看!我在幼年时,没有享过此福。看到这些幸福的娃娃,我不由得就想到中国的明天。谁知道他们将来会做出什么惊天动地的事呢!

从前没有公园的城市,不管规模大小,现在都添辟了公园。这是城市人民生活中的一件大事。

在解放前,有些公园破破烂烂,有名无实。今天,不管是原有的,还是新辟的,都的确像公园了。

同时,公园里的饭馆,茶馆也变了样子。从前,这些是有闲阶级消磨时光的地方。他们吃饱喝足,就该评论来来往往的妇女们的头脚了。今天,顾客主要是劳动人民。这是个极大的变化。从前,

我不敢多到公园去，讨厌那些饱食终日，言不及义的闲人们。现在，一进公园，看到花木的繁茂，亭池的美丽，精神已为之一振。及至看到游人，心里便更加高兴。看，劳动人民扶老携幼，来过星期日或别的假日，说着笑着，或三五友人聚餐，或全家品茗休息，多么美丽呀！公园美，人健康，生活有所改善，不是最足令人高兴的事么？这真是"劳动人民干净土，百花今始识风流"啊！——这就是我那些不像诗的诗中的两句。

招待所

在广东、福建各处，有个北方不大见到的光景。这就是不少的城市都有很体面的招待所，招待归国观光的侨胞。人民热爱侨胞，这是一个证明。在我路过流沙的时候，我就是在还未完工的一座这种招待所，休息了半天的。流沙是个不大的地方，招待所却相当体面。这使我非常高兴：想当初，我在国外的时候，我虽是北方人，可是每逢遇见闽、粤的侨胞，便彼此像看见了亲人。他们问长问短，迫切地打听祖国的情况。那时候，国内正值国民党当权，内政外交无一是处。我对他们说什么呢？没的可说，只好相对惨笑。今天，侨胞们可以回来看看了，祖国真是百废俱兴，气象一新！就拿流沙这个不大的地方来说吧，就有很体面的电影院、戏院、革命纪念馆、水库，等等。在戏院里，我们看到最好的潮剧。在那条不长的街道上，卖热炸豆腐的、凉粉的、豆浆的、炒面的、水果的……色香俱美，品种繁多。不错，祖国在建设中不能不遇上一些困难；可是，翻了身的中华儿女还会叫困难吓倒吗？不会！绝对不会！遇见困难便去克服！克服了困难，便长了经验，长了本领，从而干得更好，更快，不是吗？

文　物

　　在解放前，去看名胜古迹几乎是一种痛苦。举例说：三十年前，我到过河南的龙门。那里的千年以上的雕塑杰作久已驰誉全世。可是，多少多少精美佛像的头，已被帝国主义者勾结我国奸商砍下来偷运到他们国家去了！这多么令人伤心啊！龙门如是，别处也如是，就是北京的文物也难逃此劫：古寺名园中许多珍贵的艺术品，有的被帝国主义者偷走，有的被国民党的军队肆意破坏了。

今天，凡是值得保存的文物都加以保护，并进行研究，使我们感到自豪。不但广州、福州的古寺名园或修葺一新，或加以保护，就是佛山的祖祠，高要的七星岩，也都是古迹重光，辉煌灿烂。这使我们多么高兴啊！我们有悠久的历史，有古老的文化，文物的保护不但增加我们的历史与艺术知识，而且也使我们更热爱祖国啊。昔日观光，感到痛苦；今日游览，令人兴奋！

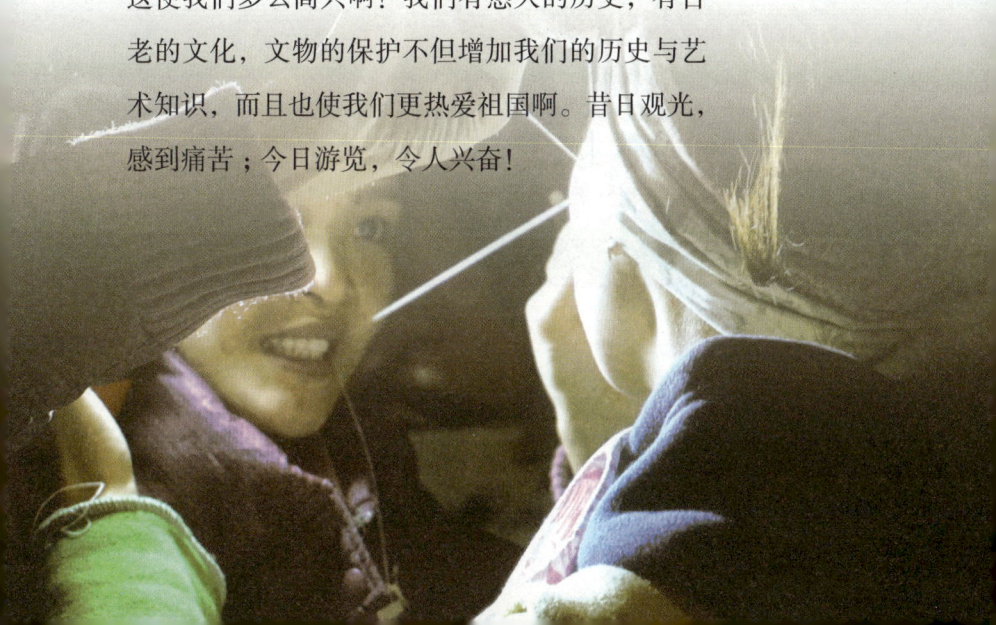

中国肇庆七星岩。

戏　剧

在广东、福建各地游览，几乎每晚都有好戏看。粤剧、潮剧、话剧、闽剧、高甲戏、莆仙戏……没法看完，而且都多么精彩啊！最令人高兴的是每个剧种都有了传人，老师傅们把绝技毫无保留地传授给男女学徒。那些小学生有出息，前途不可限量。师傅教得得法，学生学得勤恳，所以学得快，也学得好。看到这么多剧种争奇斗妍，才真明白了什么叫百花齐放，而且是多么鲜美的花呀！我爱好文艺，见此光景，自然高兴；我想，别人也会高兴，谁不爱看好戏呢？

关于我的南游，说到此为止。设若有人问：内蒙古的风光如何呢？回答是：气候、山水不同，而人民的干劲也同样冲天，各方面的建设都有很大的成绩，即不多赘。

长念琅琊

长
念
琅
琊

长念琅琊

萧萧雪夜

赋一曲琅琊乐

赋一曲琅琊无关风月

号角长鸣 羌笛声咽

逐敌千里 薄甲当先

鞍马绝尘 故友长别

但闻何方 旌旗猎猎

——《赋琅琊》

　　在大热的《琅琊榜》之后，是三地于"琅琊"的地名之争。可有多少人知道，山东临沂才是真正的"琅琊"，名副其实的"琅琊"。

千年琅琊

琅琊故郡，沂州新府。东接青日，西连济菏。控三区而辖九县，揽四蒙而襟二河。仁浸乡风，圣人化行之邦；智泽民情，贤才钟毓之地。琼楼星列，仙苑栉起。

宝地钟齐鲁之秀，风水集吴越之美。穹野星驰，林丛秀起。金相玉质，诸葛亮之出师；光风霁月，王右军之襟怀。际遇难求，几岁一遭？童稚有幸，躬游兰陵……

一曲优美的《琅琊赋》将我们带到了山东临沂。

"琅"指像珠子一样的美石，"琊"指像玉一样的骨。"琅琊"作为地名，在春秋时期即已显现。但最早仅是山名，即位于山东省胶南市区西南的琅琊山。

由于琅琊山所处的位置港口优良，春秋时期，齐国便在琅琊台西北置琅琊邑。

周元王四年，越国北进之时，"卧薪尝胆"的勾践为霸中原，还曾迁都琅琊。《越绝书·记地传》云："勾践伐吴，霸关东，从琅琊起观台。台周七里，以望东海。死士八千人，戈船三百艘。"

始皇一统，将全国置为三十六郡。齐东沿海划为琅琊郡，郡治琅琊，郡境山东东南部。

其后郡治几度变迁。东汉光武帝刘秀开国，封子刘京为琅琊王，国都也最终移为开阳（今临沂市区），从此开始了临沂专属的"琅琊"时光。

现今中国，以"琅琊"为名者众多。但其本源，则非临沂莫属。两晋南北朝时期，山东各地落入南下的胡人之手，正统的汉族王朝不得不退居南方，以侨置原郡县的方式来满足自己内心的不甘。于是，江苏、安徽等地也就有了山寨版

秦三十六郡示意圖

秦灭六国，推行郡县制，齐东沿海划入"琅琊郡"。

的"琅琊"。

尽管，琅琊后来成为"临沂"，尽管，别的地方将"琅琊"保留，但临沂的"琅琊"味道不会变。因为，它是真正的"琅琊"，它是历史的源流，它在地名的尽头。

那种味道，有着长久不衰的生命力，历经岁月的涤荡，脆弱中带着一丝坚强。

沂水拖蓝蓝几许，泥沱双月映古今，苍山叠翠翠如何，平野晓雾换新颜，野馆汤泉话炎凉，孝河凝冰说到今，神峰积雪雪映天，普照夕阳几度红……

古临沂的八处风景，景色秀美，老一辈人更愿意称其为"琅琊八景"。琅琊是根，临沂人骨子里还是有种"琅琊"情结。

《琅琊榜》播出以后，"琅琊"的地名也争得热闹，似乎都想借着电视剧的热播分一杯羹，推广本省旅游业。安徽滁州琅琊山风景区更是把区

记者实地探访消失的"琅琊八景"之一——普照夕阳。

内的建筑"会峰阁"更名为了"琅琊阁"。

但是,借助影视剧炒作的商机又能火热几时?

2016 年,《琅琊榜》之后,《芈月传》大火,刚刚被唤醒的"琅琊记忆",仿佛一夜之间,又重归了尘土。

大族琅琊

琅琊郡里有门庭。在中国历史上,琅琊堪称是一个出世家大族的地方。

"旧时王谢堂前燕,飞入寻常百姓家。"历代人口口相传的诗句里,隐含着"王谢"两个世家大族的兴衰。

临沂市的王羲之故居内。

说到历史上的王氏,就不能不说到琅琊。

在南北朝,琅琊王氏为四大盛门"王谢袁萧"之首,素有"华夏首望"之誉称。

王羲之故居乾隆御笔碑上写有"琅琊"二字。

琅琊王氏开基于两汉，鼎盛于魏晋。史称"王与马，共天下"。

琅琊王氏世代居住于临沂附近。西晋末年，永嘉之乱爆发，中原皇室及门阀氏族面临覆没之险。以王导为首的氏族集团趁机劝服琅琊王司马睿南渡，实施战略转移。

公元313年，整个中原地区的北方名门望族和精英以及政府机构、官员，甚至士族家中的佣人和鸡鸭牛马都被带过了长江。这次以门阀世族为主要力量的大迁徙共有90多万人，而琅琊王氏就是其中最重要的一支。

由于对司马皇族的大力支持和艰苦经营，琅琊王氏也被司马睿称为"第一望族"。最鼎盛的时

王羲之故居洗砚池。

候，朝中竟有 75% 的官员出自琅琊王氏或是与琅琊王氏有关的人。

而在琅琊王氏中，不能不提的又是王羲之。作为一代"书圣"，王羲之兼善隶、草、楷、行各体，精研体势，心摹手追，广采众长，备精诸体，冶于一炉，摆脱了汉魏笔风，自成一家，影响深远。

"王羲之，是书圣，琅琊郡里有门庭。历史胜迹说不尽，一代新人换旧人。"

冬日的临沂，晨曦初露，薄雾朦胧，12岁开始学习山东快书的钮中栋和往常一样清晨5点起床练功。在钮中栋口中，唱的是王羲之，说的却是他的家乡——临沂。

琅琊王氏自是高门大族，琅琊诸葛氏、琅琊颜氏也不遑多让。

琅琊诸葛氏，指的是诸葛亮家族。三国人韦昭在《吴书》中指出："（诸葛）瑾为大将军，而弟（诸葛）亮为蜀丞相，二子（诸葛）恪、（诸葛）融皆典戎马，督领将帅，族弟（诸葛）诞又显名于魏，一门三方为冠盖，天下荣之。"由此亦可见诸葛氏之豪雄。

琅琊颜氏尊显更为古老。春秋时期，颜氏家族已成为鲁国的卿大夫世家。三国魏时，颜氏繁盛。因其代代孝恭，人们又称其所居处为"孝悌里"。

代有人杰，在隋唐之前，琅琊简直就是中国世族文化的一个符号。

琅琊→临沂

琅琊在历史的时空中存在了近千年，但在北朝时，却突然终止了这个诗意的名字。

北魏永安二年（529 年），琅琊郡被改名为北徐州，北周时，又改为沂州。其州城以"东临沂水"而得名临沂。

此后的隋唐五代，政局的纷乱，间接地也成了

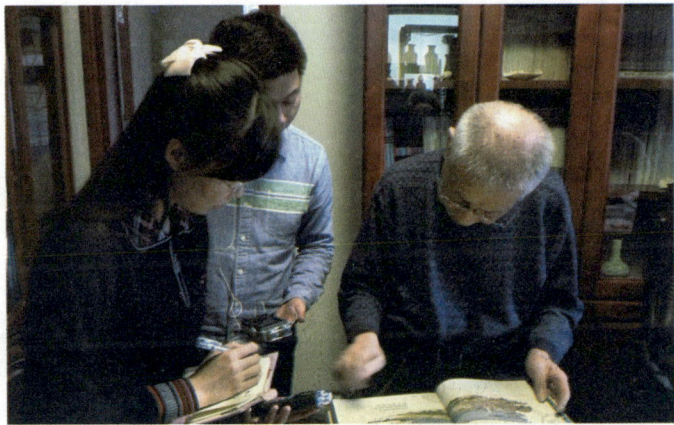

81 岁历史文化专家刘家骥翻开之前编纂的书籍讲述琅琊的地名变迁。

临沂地名最反复的世代。时而琅琊，时而沂州，摇摆之中的临沂似乎也忘了自己到底应该姓甚名谁。

直到金朝，临沂城才正式定名为沂州。琅琊，从此便只作为曾经的美称存在于各种文献及老百姓的笑谈中。

雍正十二年（1734年），大清王朝设立沂州府，下辖六县一州，这几乎就是临沂地区现在的行政单位，各县也开始了以临沂城为中心的第一次大

民国时期的《临沂县志》（影印版内页）。

临沂市博物馆对于"琅琊"地名沿革的介绍。

团聚。从那时起，沂州府各地的人也开始有了以临沂城为中心的文化认同，也渐渐产生了自己的沂蒙文化。

中华人民共和国成立以后，先设沂水专区，后设临沂专区。1994 年 12 月，国务院又批准撤销临沂地区和县级临沂市，设立地级临沂市。

八百里蒙山沂水在政区上的格局定型至今。

不过，令人欣慰的是，虽然行政区划不再出现琅琊了，但是琅琊文化还一直留存在临沂，例如临沂西郊就还有一条街道，名为"琅琊王路"。

现在还保留着"琅琊"印记的琅琊王路。

"琅琊"淡去

就像《芈月传》会取代《琅琊榜》一样，"临沂"或许也会完全取代"琅琊"。

如果说老一辈的人心中还有"琅琊"的维系，新一辈的人恐怕却已只知"临沂"，不知"琅琊"了。

地名文化的"富矿"该如何保护，绵延千年的乡土风情又该由谁来维系？这是一个困扰临沂的问题。

"临沂古称琅琊，始于东汉，秦朝统一六国后，琅琊为全国三十六郡之一。东汉章帝建初元年至五年间迁都开阳，即今临沂。至此，临沂始称琅琊。"如果去往临沂博物馆，导览员会如是介绍。

可现实是，临沂已经成为山东省 GDP 排位前列的大城市，一座座拔地而起的高楼大厦，正在掩埋导览员口中的历史长河。

即便是古老的琅琊八景，也在随着城市规划的不断调整，有的已经旧貌换新颜。

在临沂城区，有一条名为洗砚池的老街，街

道不宽，古槐夹道，书圣王羲之的故居安静地坐落于此。故居内不仅有百年学府琅琊书院，更有琅琊八景之一的"普照夕阳"。

当两鬓斑白的临沂市规划建筑设计研究院院长程建民，如儿时般再次站在普照寺前，他依旧能熟练地用指尖勾勒出过去的景色。

不过，由于天气的变化、地理的变化以及房屋的变化，程建民再也看不到"普照夕阳"的景色了。

也就是这样一个饱含回忆的地方让程建民时常感到隐隐的忧伤。

程建民表示，老年人

古老的琅琊，现代的临沂。

应该是都知道，中年人也有记忆，青年和少年、孩子这一块儿应该知道的不算太多。我们的文化遗产，美好的东西、美好的记忆在逐渐消失。

20世纪80年代，临沂出版了一本名为《琅琊乡音》的神话故事集，厚厚的页码记录着千百年来流传下来的故事，那是程建民那一代人脑海中童年的味道。

而对于现在的孩子来说，熟悉的是电视剧《琅琊榜》，却不再记得"琅琊故郡，沂州新府；东接青日，西连济菏"这优美的《琅琊赋》。

日复一日，钮中栋还在唱着"琅琊"的故事，程建民也在为留住"琅琊八景"奔波努力，未来的子孙是不是也能够携带着祖先的馈赠，将琅琊文化的基因传承在灵魂里，他们也不知道。

现如今的临沂市。

记者手记

沂水清清，薄雾笼罩，两岸的高楼大厦影影绰绰，阳光穿透雾气，整个河道弥漫着淡金色的日光……这是我第一眼看到的临沂。

遥映人间冰雪样，暗香幽浮曲临江，遍识天下英雄路，俯首江左有梅郎……这是我第一眼看到的琅琊。

伴随着现代化的进程，临沂市区早已建起

程建民院长向记者展示晋代琅琊国地图。

了高楼大厦、宽路桥梁，然而，当历史与现代产生冲撞与结合时，总有一些印记在慢慢被抹杀。

短短几分钟的录音成品里承载了太多，但也承载了太少。关于琅琊还有很多故事可以说但还没来得及说，比如刘家骥老先生。

目前，在临沂能够讲起琅琊文化的老人已经不多，耄耋之年的历史文化专家刘家骥是为数不多的几位之一。当得知我们此行的目的后，老先

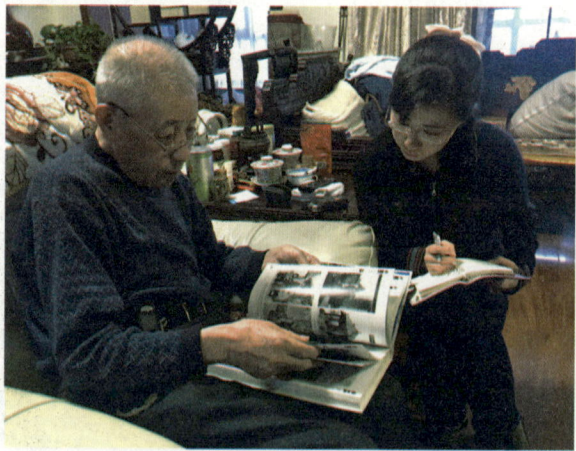

历史文化专家刘家骥向记者展示书中收录的老照片。

生一边叫好，一边步履蹒跚地走进书房，从高高的架子上拿下一本沉甸甸的书——《临沂地名文化胜览》。

这本书是刘老参与编纂的书籍，整理和搜集历史资料耗费了老先生两年的光阴。翻开每一页铜版纸，刘老先生似乎都有讲不完的故事，曾经的沂水、曾经的老桥、曾经的琅琊八景。看到老先生兴奋得如孩子一般，用手指着图片给我们讲述着过去的故事，我心里却在隐隐作痛。也许终有一天，这些黑白照片里的故事会无人知晓，不知道未来还有多少人能有机会听一听每一张照片中的往事。

是啊，每天我们都在向前看、不停奔走，但是却时常忘记回头看看来时的路……琅琊不仅是前世回忆的载体，更是不该消失的美丽。

冯　烁

琅琊八景

舒　祥

沂水拖蓝

拖蓝曳练漾微波，百合泉来渐满河。
蒙谷雪消苍泽长，祊田雨后翠涛多。
青含冷雨沿堤树，绿锁寒烟近水莎。
但见渔舟随处落，不妨风浪夜如何。

野馆汤泉

汤山山下涌汤泉，溅喷珠玑颗颗圆。

半亩聚来清澈底，一泓深处碧涵天。

风狂暂失池心月，气热长成水上烟。

春水正多还溢出，满沟环佩振潺湲。

附《沂州府志》载："野馆空余芳草地，春风依旧见遗踪。"

平野晓霁

苍苍微曙霭高台，几树桃花昨夜开。

疏柳啼莺三月届，断云迷雁九天来。

千门辟尽晨钟散，百役奔初晓漏催。

此际登临观下境，满城春色拥蓬莱。

　　附《沂州志》载："在州治后东北，上有平野亭……外瞰沂、祊、涑水，内览寺观楼阁，晨中初晓，曙光甫开，爽心悦目。平野台为全城最高处，登高望远，观望城外，原野稼穑，郁郁葱葱，沂、祊、涑水岸边柳绿桃红；内瞰城中，楼阁亭榭，风光旖旎。"

苍山叠翠

　　好山面面削芙蓉，吐月摩云势更雄。

　　数叠好峰青列戟，几层青嶂碧连空。

　　巍峨低度淮阴小，突兀高联泰岳崇。

　　日暮卷帘看昳色，满山佳气雨蒙蒙。

　　附《沂州志》载："（苍山）在州东九十里，山上可瞰东海，前有窦王坟，后有秦王柱，中有石室，世传安期生、徐则升仙处。"

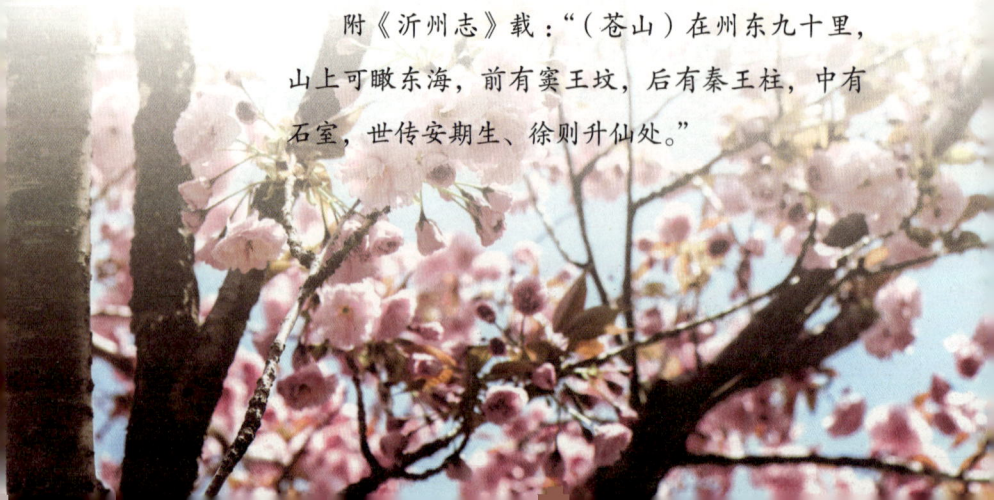

普照夕阳

碧玉楼头日未沉，几家残照半城阴。

斜分宝刹千层影，光灿瑶龛百丈金。

归雁携云投百浦，啼猿迎月上东林。

柴门欲掩诗僧定，坐上闲庭抱膝吟。

附《沂州志》载："在州治西南王右军故宅，无庸渡江，逐王从之，余宅为焚，宫殿即晒书台，殿西山墙，每当日夕回光返照，红映可观，虽地之耸高，实灵气所钟云。"

泥沱双月

夜半银蟾印碧流，澄澄波底一轮秋。

分明水府开金镜，仿佛天河浸斗牛。

宿雁不惊矶上客，潜鱼还避渚边鸥。

渔郎隔岸相呼语，尽是芦花暗钓舟。

附《沂州志》载："（泥沱湖）在州南二十里，中有圆洲，夏秋菱荷并茂，月夜泛舟，洲上香气四来，花气拂人，宛如仙境。"又《临沂县志·湖泉》载："泥沱湖，城西南十八里，周十余里，中有圆洲，水环如镜，俗称泥沱月色即此。"

云峰积雪

细认奇峰似未真，乱山高下复如银。

冰封石窦流泉断，风搅林丛折竹频。

万木低斜无宿鸟，一歧平满少来人。

东君夜到知消息，开遍梅花几树春。

附《临沂县志》载："山东面白石皑皑，望之如雪，故府志以神峰积雪为八景之一云。"又《沂州志》载："山阴积雪，四时不消，八景积雪即此。"

孝河凝冰

镇日东风鼓翠澜，长河吹遍水如干。

银屏皎洁连川合，碎玉棱层映月寒。

堤畔鹭联飞始见，波心鱼隐钓犹难。

王祥一去千多载，留得冰模与后看。

附《晋书》载："祥性至孝。早丧亲，继母朱氏不慈，数谮之，由是失爱于父。父母有疾，衣不解带，汤药必亲尝。母常欲生鱼，时天寒冰冻，祥解衣将剖冰求之，冰忽自解，双鲤跃出，持之而归。"

曾经有个『开封县』

文化印记

曾经有个『开封县』

曾经有个"开封县"

岁月流转，记忆消逝

曾经的开封县

现在的祥符区

地名变迁的背后

是城市化进程的发展和需求

也是她于我们记忆的反思与问候

　　2014年10月，"开封县"升格为"祥符区"。两年多过去，祥符区人脱口而出的，多还是"开封县"。但不可否认的是，作为一个地名，"开封县"留存在人们心中的记忆，终究还是会消散。

启封故城

说起河南开封，很多人想到的是八朝古都、曾经的河南省省会，或者"开封有个包青天"……这些概念，对应的都是现在的开封市，其实"开封"这个地名，最早来源于春秋时的"启封城"，西汉时的"开封县"。

春秋时期，诸侯林立，列国争雄。祥符区（原开封县）古城村一带当时恰好是郑国的边陲，出

启封故城的文保单位标牌。

于战略上的考虑，郑庄公命大将郑邴在此屯兵筑城，并取"启拓封疆"之意，命名为"启封"。

战国时，启封城成为魏地，是国都大梁城的南大门。

直至西汉，因汉景帝名刘启，为避讳，启封改"启"为"开"，"开封"始名，但启封故城仍在。

而后，由于京杭大运河的通航，汴州一跃成为繁华鼎盛的水陆大都会，相距数十里的启封城却逐渐褪掉了往日的荣光。

唐延和年间，开封县治移至汴州，成为现在的开封城。启封故城却日益荒废，在历经水患之后，早已从城变成了村。

启封故城残存的城墙。

指着残存的启封故城，当地文物保护管理所所长陈文斐介绍："启封故城的西侧城墙，就是夯层，是一层一层的土堆上去的，很坚硬。"

不过原本周长四公里的城墙，现在只剩下西北角一百多米长，高低不平的一段，远看去更像是土丘。

这来源于自然损坏、黄河淤积还有人为的破坏。中华人民共和国成立初期，启封故城所在处曾建了一个窑厂，故城残存的城墙被烧掉一截，城墙也就因此毁坏。

这段古城墙的遗迹，2013 年被列为全国重点文物保护单位。不过现场立起的，还是十几年前河南省文物保护单位的石碑，没有更新。

陈文斐指着地下的陶片说："看到没有，两千多年前的陶片，地上随便捡一块就是——郑庄公的。这证明，这个城池当时经济、军事、文化比较发达，建筑物也很多……"

启封故城边的田地里，农夫正赶着羊走过。

现在开封城最热门的，是十几年前根据《清明上河图》新建的"清明上河园"，门票 100 元。而眼前这一段残破的城墙，并不是景点。

城墙周围是平坦无边的农田。田边新打了井，千百年来黄河泛滥淤积的泥沙刚刚被深挖出沟槽，埋进了灌溉用的塑料管道。

隔着雾霾，可以直视城墙上空的太阳。

将近一千年前，北宋诗人梅尧臣路过这里，写下过类似的场景："荒城临残日，鸡犬三四家。岂复古阡陌，但问新桑麻。"

"开封"古镇

提起开封县，就不能不提它的古镇。

在中国历史上，有所谓四大古镇，即广东佛山镇、江西景德镇、湖北汉口镇、河南朱仙镇。其中，朱仙镇曾位列四大名镇之首。而这朱仙镇，就位于原开封县，今祥符区内。

春秋时期，朱仙镇成为启封城西北附近的居

民点。五代时期，因为蔡河和汴河被运河贯通，朱仙镇也成为汴梁附近的一个重要集镇。

> 匹马南来渡浙河，汴城宫阙远嵯峨。
> 中兴诸将谁降虏？负国奸臣主议和。
> 黄叶古祠寒雨积，青山荒冢白云多。
> 如何一别朱仙镇，不见将军奏凯歌。

当时光流转至宋朝，朱仙镇又特别地见证了一曲历史悲歌。于谦的这首诗，便是最好的注脚。

公元 1141 年，岳飞取得顺昌大捷，金将兀术退至朱仙镇扎寨。岳家军挟得胜之师奋勇

祥符区朱仙镇清真寺一角。

追击，金军一触即溃，无奈放弃开封，匆匆北逃。

朱仙镇大捷，抗金形势一片大好。但是偏安的南宋政府却因一己之私，在一天之内给岳飞连发十二道金牌，催促岳飞班师。闻讯的岳飞不得已痛哭："十年之功毁于一旦！"朱仙镇的老百姓也拦住岳飞的战马不愿意让岳飞班师，南宋军民一片哭声。

之后，岳飞惨死于宋高宗和奸相秦桧之手。朱仙镇大捷，竟成了岳飞一生战争的"绝响"。

现在，朱仙镇岳飞庙已成为中国三大岳庙之一，其自建成伊始，几经拓修，青砖砌墙，飞檐挑角，雕梁画栋，以建

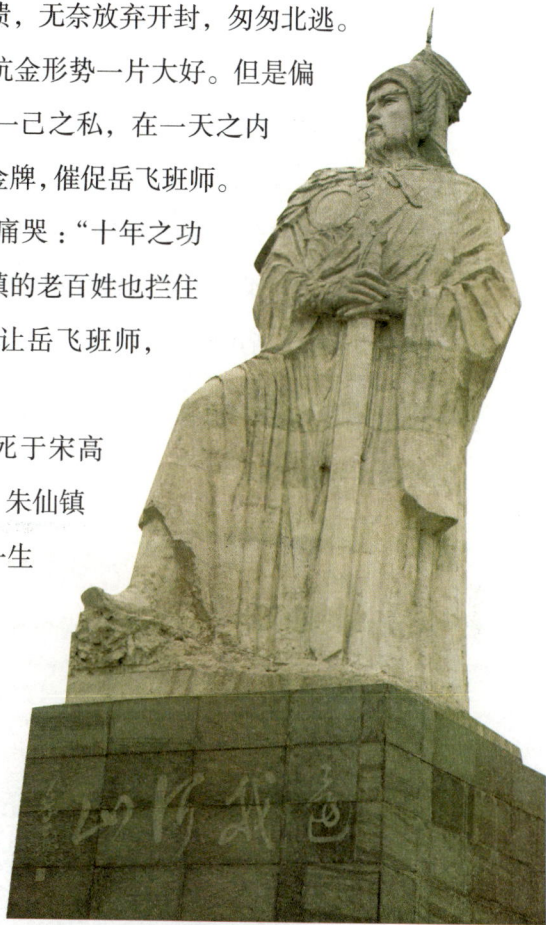

唯有这青砖砌墙，飞檐挑角，雕梁画栋，还在轻言地诉说着岳飞"英勇壮烈"的历史。

筑的特有形制显露再现了岳飞的神韵与不凡。

在岳飞文化之外，朱仙镇的木版年画也堪称一绝。

这些木版年画起于唐，兴于宋，鼎盛于明清，历史悠久，源远流长，为中国四大木版年画之一，其制作采用木版与镂版相结合，水印套色，种类繁多，所用原料为炮制工序，用纸讲究，色彩艳丽，庄重深厚，富于浓郁的乡土气息和强烈的民间情趣。

朱仙镇的工匠正在雕刻新的年画板。

千年祥符

开封县所更名的"祥符区",其实也是一个古老的地名,只是大多人并不知道罢了。

汉朝时,启封县、浚仪县、陈留县三县合并为开封县。

宋真宗大中祥符二年,开封县更名为祥符县,取"祥瑞的符命"之意。祥符县也得以成为天子脚下的京畿重地,富甲天下。

北宋时期,祥符县拱卫的开封府:"琪树明霞五凤楼,夷门自古帝王

朱仙镇特色的木制年画板。(祥符区文物保护管理所提供)

州。"可谓是当时世界上最繁华的城市,也是至今世界上唯一一座城市中轴线从未变动过的都城。

千年不变的中轴线,连接着开封县(祥符县)和开封府。千年之后,祥符县在没落中复兴,开

北宋的开封，可谓当时世界上最繁华的都市。

封府依旧热闹繁华。

现在的开封，中轴路的北段叫"宋都御街"，两侧的仿古建筑是面向游客的商店；南段叫"中山路"，跟全国的近两百条街道同名。路口正在新建商业中心，工地起重机的吊臂从空中扫过。斜对面的美式快餐店，因为英文缩写"KFC"，被中国的年轻人戏称为"开封菜"。

　　以前，中轴路东边一条狭窄的街道就是开封县街。不过现在，这里已经找不到县府的旧址了。

　　中华民国二年（1913年），祥符县又被易名为"开封县"。

　　2014年10月19日，河南省调整部分行政区划，"开封县"又正式更名为"开封市祥符区"。

梦里"开封县"

　　"开封县"升格为"祥符区"，不仅本地人不习惯，外地人更觉陌生。

　　如今，"祥符区"已经存在两年。在邮局，从外地寄来的邮件中，仍有很多写的是开封县。有不清楚的人，还在"祥符区"的后边，又写了一遍开封县。

　　邮局工作人员表示，虽

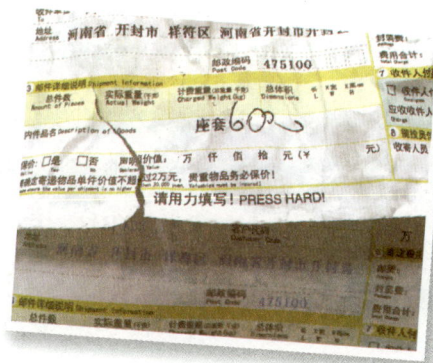

2015年12月，祥符区邮局的一份包裹单，地址既写了新地名"祥符区"，又写了老地名"开封县"。

然大家知道地名改了，但还是习惯称其为"开封县"。

不过绕不过去的是，随着地名的变迁，开封县的格局，也在悄然发生着改变。

2014 年，陈文斐所在的文物保护管理所总共整理了八千多件文物，不过走在街头，他还是感叹，少了当年的古城特色和市井文化。

"现在的城市就是没有了文化的功能，凸显不出一个地方的文化特色，南方北方一个样，大城小城一个样，没有特色。可能也是发展的一个必然阶段，我觉得最起码是一个文化的传承缺失了，丢了魂……"陈文斐说。

开封县靠近市区的部分在最近几十年陆续被划走，成为开封市的市辖区，曾经皇城根下、京畿之地的开封县也逐渐退到了市区外围。

董文勇在开封县的党政机关工作了二十年，他说："这次撤县设区，改变的不只是地名，更重要的是未来发展。"

董文勇称："我们制定了很多的发展战略目标，这种目标是原来不会想到的，因为那时候我们只是开封县。撤县设区以后，我们开封县……我们祥符区，就主动向大开封靠拢。"

像董文勇一样，很多当地人现在一开口，还是更习惯说开封县。

董文勇说："习惯的印记，怎么也改不过来，对于很多人来说，也经受了一个很痛苦的过程。我这种心态应该是代表了一部分人的心态，很大一部分人的心态。你是哪个地方的人？我是开封县的。脱口而出的。"

不过，当地公交车上自动播报的站名，理所当然地已经换成祥符区。

可以预见，地名变迁的背后是撤县设区的城市化进程和发展需求，也是历史的流转和记忆的消逝。

记者手记

到开封采访的第一个人很自然地讲本地方言。我自己可以听懂大半，但是考虑播出效果，只能伺机打断他："您能说普通话么？"

"普通话？如果北宋还在的话，这就是普通话。"他继续用开封话回答。众人笑。

之后，他尽力讲普通话，不过有时候又不自觉地拐回开封话。

完全没办法将就我的，是87岁的张庆云先生，他的方言也更难听懂。张先生曾经是开封县豫剧团的团长。发源于此的祥符调，被称为豫剧的母调。"现在像我搞这么多年祥符调的人，已经存在得不太多了，年纪都大了。河南省的戏，没有纯祥符调，都不纯啦，杂交！"张先生唱起戏来嗓子已经有些哑,"我这是无可奈何花落去,我也没有啥办法。"

开封鼓楼夜市旁边的戏楼,杨海红还在唱祥符调。她知道保守和革新之间的争议,但她面临更大的问题是:不管他们革新与否,年轻人都不爱听豫剧了。那天晚上,我们在这间戏楼等到八点半,也没有其他客人来听杨海红唱祥符调。"有时候十多位客人,有时候两三位,还有空的时候,"戏楼的主人朱登祥解释,"空是正常的,不空是不正常的。"

开封市鼓楼旁的戏楼,杨海红在演唱祥符调。

不过他们也在享受变革时代的好处。杨海红给我看她手机上新装的应用,各地的豫剧爱好者可以上传自己演唱的视频片段,跟大家互动,还可以向豫剧名家提问学习。"不出门也能聚在一起唱戏了。"

这就是报道内外，我看到、听到和感受到的开封和祥符：有人在为不断消逝难以挽留的东西痛心，有人在为加快脚步大力革新也赶不上时代变迁而着急，但多多少少，又都在这变革中，有所收获。

两千多年前，启封县改名叫开封县，是为了避皇帝的名讳；一千多年前，浚仪县改名叫祥符县，是因为皇帝"做了一个梦"，改了年号；2014 年，开封县改名叫祥符区，是为了发展。

在开封采访的最后一个人，就跟我谈到了祥符区未来的发展，虽然他也说，现在脱口而出的还是"开封县"，要改口是"痛苦的过程"。

采访结束，他说："不好意思，我的普通话讲得不够好。"我刚开口说"挺好的"，他又跟了一句："带点儿宋朝时候（味道）的普通话。"

白杰戈

东京梦华录（节选）

孟元老

御 街

坊巷御街，自宣德楼一直南去，约阔二百余步，两边乃御廊，旧许市人买卖于其间，自政和间官司禁止，各安立黑漆杈子，路心又安朱漆杈子两行。中心御道，不得人马行往，行人皆在廊下朱杈子之外，杈子里有砖石甃砌御沟水两道。宣和间尽植莲荷，近岸植桃李梨杏，杂花相间，春夏之间，望之如绣。

宣德楼前省府宫宇

宣德楼前，左南廊对左掖门，为明堂颁朔布政府，秘书省，右廊南对右掖门，近东则两府八位，西则尚书省，御街大内前南去，左前景灵东宫，右则西宫，近南大晟府，次曰太常寺，州桥曲转，大街面南，曰左藏库，近东郑太宰宅，青鱼市内行，景灵东宫，南门大街以东，南则唐家金银铺，温州漆器什物铺，大相国寺，直至十三间楼。旧宋门，自大内西廊南去，即景灵西宫，南曲对即报慈寺街，都进奏院，百钟圆药铺，至浚仪桥大街，

西宫南皆御廊权子，至州桥投西大街，乃果子行，街北都亭驿，相对梁家珠子铺，余皆卖时行纸画，花果铺席，至浚仪桥之西，即开封府，御街一直南去，过州桥，两边皆居民，街东车家炭，张家酒店，次则王楼山洞梅花包子，李家香铺，曹婆婆肉饼，李四分茶，至朱雀门街西，过桥即投西大街，谓之麹院街，街南遇仙正店，前有楼子后有台，都人谓之台上，此一店最是酒店上户，银瓶酒七十二文一角，羊羔酒八十一文一角，街北薛家分茶，羊饭，熟羊肉铺，向西去皆妓女馆舍，都人谓之院街，御廊西即鹿家包子，余皆羹店，分茶，酒店，香药铺，居民。

朱雀门外街巷

出朱雀门东壁亦人家，东去大街麦秸巷，状元楼，余皆妓馆，至保康门街，其御街东朱雀门外，西通新门瓦子，以南杀猪巷，亦妓馆，以南东西两教坊，余皆居民或茶坊，街心市井，至夜尤盛，过龙津桥南去，路心又设朱漆杈子，如内前，东刘廉访宅，以南太学，国子监，过太学又有横街，乃太学南门，街南熟药惠民南局，以南五里许，皆民居，又东去横大街，乃五岳观后门，大街约半里许，乃看街亭，寻常车驾行幸，登亭观马骑于此，东至贡院什物库，礼部贡院，车营务，草场街，南葆真宫，直至蔡河云骑桥，御街至南薰门里，街西五岳观，最为雄壮，自西门东去观桥，宣泰桥，柳阴牙道，约五里许，内有中太一宫，佑神观，街南明丽殿，奉灵园，九成宫，内安顿九鼎，近东即迎祥池，夹岸垂杨，菰蒲莲荷，凫雁游泳其间，桥亭台榭，棊布相峙，唯每岁清明日，放万姓烧香游观一日，龙津桥南西壁邓枢密宅，以南武学巷内曲子张宅，武成王庙，以南张家油饼，明节皇后宅，西去大街曰大巷口，又西曰清风楼酒店，都人夏月多乘凉于此，以西老鸦巷口军器所，直接第一座桥，自大巷口南去，延真观延接四方道民于此，以南西去小巷口三学院，西去直抵宜男桥小巷，南去即南薰门，其门寻常士庶殡葬车舆皆不得经由此门而出，谓正与大内相对，唯民间所宰猪，须从此入京，每日至晚，每群万数，止数十人驱逐，无有乱行者。

州桥夜市

出朱雀门，直至龙津桥。自州桥南去，当街水饭，燺肉，干脯，王楼前獾儿，野狐，肉脯，鸡。梅家鹿家鹅鸭鸡兔肚肺鳝鱼包子，鸡皮，腰肾，鸡碎，每个不过十五文，曹家从食，至朱雀门，旋煎羊，白肠，鲊脯，黎冻鱼头，姜豉类子，抹脏，红丝，批切羊头，辣脚子姜，辣萝卜，夏月麻腐鸡皮，麻饮细粉，素签沙糖，冰雪冷元子，水晶皂儿，生淹水木瓜，药木瓜，鸡头穰，沙糖绿豆甘草冰雪凉水，荔枝膏，广芥瓜儿，咸菜，杏片，梅子姜，莴苣，笋，芥，辣瓜儿，细料馉饳儿，香糖果子，间道糖荔枝，越梅，离刀紫苏膏，金丝党梅，香枨元，皆用梅红匣儿盛贮，冬月盘兔，旋炙猪皮肉，野鸭肉，滴酥水晶鲙，煎夹子，猪

脏之类，直至龙津桥须脑子肉止，谓之杂嚼，直
至三更。

潘楼东街巷

潘楼东去十字街，谓之土市子，又谓之竹竿
市，又东十字大街，曰从行裹角茶坊，每五更点
灯，博易买卖衣物图画花环领抹之类，至晓即散，
谓之鬼市子，以东街北赵十万宅，街南中山正店，
东榆林巷，西榆林巷，北郑皇后宅，东曲首向北
墙畔单将军庙，乃单雄信墓也，上有枣树，世传
乃枣槊发芽生长成树，又谓之枣冢子巷，又投东，
则旧曹门街，北山子茶坊，内有仙洞仙桥，仕女
往往夜游，吃茶于彼，又李生菜小儿药铺，仇防
御药铺，出旧曹门，朱家桥瓦子，下桥南斜街，
北斜街，内有泰山庙，两街有妓馆，桥头人烟市
井，不下州南，以东牛行街，下马刘家药铺，看
牛楼酒店，亦有妓馆，一直抵新城，自土市子南
去，铁屑楼酒店，皇建院街，得胜桥郑家油饼店，

动二十余炉，直南抵太庙街，高阳正店，夜市尤
盛，土市北去乃马行街也，人烟浩闹，先至十字
街，曰鹩儿市，向东曰东鸡儿巷，向西曰西鸡儿巷，
皆妓馆所居，近北街曰杨楼街，东曰庄楼，今改
作和乐楼，楼下乃卖马市也，近北曰任店，今改
作欣乐楼，对门马铛家羹店。

酒　楼

凡京师酒店，门首皆缚彩楼欢门，唯任店入
其门，一直主廊约百余步，南北天井两廊皆小合
子，向晚灯烛荧煌，上下相照，浓妆妓女数百，
聚于主廊槛面上，以待酒客呼唤，望之宛若神仙，
北去杨楼以北穿马行街，东西两巷，谓之大小货行，
皆工作伎巧所居，小货行通鸡儿巷妓馆，大货行
通笺纸店，白矾楼，后改为丰乐楼，宣和间更修
三层相高，五楼相向，各用飞桥栏槛，明暗相通，
珠帘绣额，灯烛晃耀，初开数日，每先到者赏金旗，
过一两夜则已，元夜则每一瓦陇中皆置莲灯一盏，

内西楼后来禁人登眺，以第一层下视禁中，大抵诸酒肆瓦市，不以风雨寒暑，白昼通夜，骈阗如此，州东宋门外仁和店，姜店，州西宜城楼药张四店，班楼，金梁桥下刘楼，曹门蛮王家，乳酪张家，州北八仙楼，戴楼门张八家园宅正店，郑门河王家，李七家正店，景灵宫东墙长庆楼，在京正店七十二户，此外不能遍数，其余皆谓之脚店，卖贵细下酒，迎接中贵饮食，则第一白厨，州西安州巷张秀，以次保康门李庆家，东鸡儿巷郭厨，郑皇后宅后宋厨，曹门砖筒李家，寺东骰子李家，黄胖家，九桥门街市酒店，彩楼相对，绣旆相招，掩翳天日，政和后来，景灵宫东墙下长庆楼尤盛。

等你回襄阳

等你回襄阳

等你回襄阳

襄阳，楚文化的发源地，不间断的古战场。

这里走出了米芾、孟浩然，二人均号"襄阳"。

闯王李自成在此称王，张自忠将军抗战中，殉国于此。

然而，这里一度称作襄樊，直到2010年，方还襄阳古称。

地名更替，来回往复，是找回了千年前的襄阳，还是丢了一甲子的襄樊？

　　"即从巴峡穿巫峡，便下襄阳到洛阳"，襄阳东连吴会，西通巴蜀，北出中原，南贯湘楚，极富战略意义的位置，两千八百多年的辉煌历史，足以让"襄阳"这个名字变得如此余韵悠长。

襄阳之"襄"

"山南水北为阳，山北水南为阴"，按照中国古代对地名的命名原则，襄阳之为襄阳，要么其北有襄山，要么其南有襄水。

西汉初年，置襄阳县，得名依《汉书·地理志》与《水经注·沔水》记载："城在襄水之阳，故曰襄阳。"

襄水，即今南渠，《荆州记》曰"驾山而下谓之'襄'"。但其实南渠无非是一条长十八公里，宽仅几米的沟渠。相较于襄阳所枕之大江汉江而言，颇有小巫见大巫之感，若以水论，襄阳实应称之为"汉阴"，而非"襄阳"。

襄阳，襄水之阳。

翻阅古文献，还另见有不同记载。《汉唐地理书抄》从《太平御览》引录的《荆州图副》曰："（襄阳）以地在襄山之阳而得名。"《读史方舆纪要》也记载："（襄阳）城西五里有襄山。"但奇异之处是，从地理位置上看，襄阳之北之西乃是汉水及一片平原，无山可见，"襄山"自也难觅。

襄阳之"襄"，是山之南，抑或水之北，未有定论，成为襄阳地名之大谜。对此，专家学者考证繁多，无有定论。

有谓襄阳之"襄"出于汉江者，原因在于汉江曾在流经襄阳时有过改道的历史，古时在城南，现在则移往城北。

襄阳之北之西无山可见，唯只南方有岘山。"壮哉岘，脊南北。翳墉壑，几陵谷。乾能央，剥斯复。千万年，屏吾国。"

虽然汉江确有一段在史书中称为"襄水""襄江""襄河"。但据晋代襄阳人习凿齿《襄阳记》载："城本楚之下邑，檀溪带其西，岘山亘其南。为楚之北津戍。楚有二津，谓从襄阳渡沔，自南阳界出方城关是

汉江今昔对比照。

也。"春秋战国时期，襄阳已成楚国北部城邑，它"北枕沔水"。而沔水即汉江古称。此后历代方志与地理著作也未见有汉水曾流于襄阳城南之记载，可见"襄水"并非就指"汉水"。

综合各方著述来看，仍以南渠作"襄水"更好理解。但襄阳之一大城，仅以一沟渠作地名来源，又确实令人费解。

但不管"襄阳"得名几何，总之，它以一个地名的形象树立在了中国的国土上。而且除王莽

时曾改为"相阳",李自成曾改襄阳为"襄京",以及前几十年的"襄樊"以外,"襄阳"之名也一直沿用至今。

铁打的襄阳

襄阳依枕汉水、长江,东连吴会,西通巴蜀,北出中原,南贯湘楚。襄阳和樊城又南北夹汉水

"卧龙"诸葛亮隐居的古隆中,"三顾茅庐""隆中对策"的故事都发生在这里。

而互为依存，"跨连荆豫，控扼南北"，极富战略意义的它，自有历史以来，便当然地成了兵家必争之地。

"襄阳隆中对"，一千八百年前，诸葛亮出山，天下三分。襄阳成为整个三国历史的策源地，也是争夺的焦点。诸葛亮于《隆中对》中称其"此用武之国也"。

马跃檀溪、刮骨疗毒、刘备携民渡江，等等，都在这儿留下了震撼人心的印记。

黄蓉：襄阳是大宋的军事要地，如果被蒙古占领，形势就坏了。

黄药师：说得对，靖儿，你现在马上赶到襄阳城，带领全城的百姓死守襄阳城……

金庸笔下，从郭靖、黄蓉到杨过、小龙女，一个个扣人心弦、跌宕起伏的传奇故事，就发生在襄阳。

公元 1267 年，南宋降将刘整向蒙古忽必烈建

襄阳护城河，长 5060 米，最宽处达 250 米，为亚洲最宽的护城河。得益于此，襄阳又有"华夏第一城池"之称。

议："先攻襄阳，撤其捍蔽。"在刘整眼中："（南宋）无襄则无淮，无淮则江南唾手可下也。"于是，宋蒙之间，开启了恢宏惨烈、时间跨度达到六年的襄阳之战。

六年宋蒙之争，襄阳城演绎了太多的故事。

宋朝在这里抵抗蒙古军队，为了迷惑蒙军，宋军故意给猪喂上大米，让猪跑出去，蒙军抓获以后，割开猪腹，发现猪肚里的大米，误以为宋军粮食充足……

襄阳被围五年，宋将张顺奉命往援，先用强弩射向敌舰，后用大斧与敌短兵相接，宋军冲破重重封锁成功进入襄阳。可张顺却不幸战死，几天之后，襄阳军民于水中寻得张顺尸体，仍旧披甲执弓，怒目圆睁……

1948 年 7 月，人民解放军南下，开辟汉水以南根据地，发起襄樊战役。当时国民党十五绥靖区司令康泽，在襄阳到处设防，明碉暗堡遍布，壁垒森严，再加上美式装备，满以为万无一失，企图阻止解放军南下。但人民解放军以排山倒海之势，经过15天的激战，从西门破城而入，全歼敌军两万多人，活捉康泽。

在历史上，襄阳经历大小战事百余次。随着战争的交替，襄阳的城墙也在发生着显著的变化。矮小变为了高大，土城墙变为了砖城墙，城门由直进式变为了屯兵式，护城河也在不断加深、加宽。

襄阳楚王城遗址，位于襄阳城东南，相传楚王曾在此建城，故而得名。

东晋时，晋将朱序之母为加强城西北的防御，增筑一屯兵城，名曰"夫人城"。明洪武十五年（1382年），再次大规模增筑城墙，使其与汉水紧密相连。襄阳城也得以成为一道形势险固的

站在襄阳城墙上，俯瞰襄阳古城内。

天然屏障，"铁打的襄阳"随之而来。

现在，任谁登上襄阳城头，想必都会真切地感叹这座千年古城历经的岁月沧桑。

文化襄阳

自古以来，襄阳即是南北经济文化的交汇之地。白居易诗句"下马襄阳郡，移舟汉阳驿"便生动地描绘了襄阳"南船北马"的盛况。

作为楚文化、三国文化、汉江文化齐聚的名城，襄阳内得人文之胜，外揽山水之秀，自然地散发着其无比独特的魅力。

"辟在荆山，筚路蓝缕，以处草莽"，春秋战国时期，楚人在这里给我们留下了艰苦卓绝的创业形象。屈子、宋玉等楚辞大家又在这里浅吟低唱。

屈原流放汉北期间的作品有《九章》《抽思》《思美人》《天问》《卜居》，宋玉的《九辩》《招魂》《风赋》《高唐赋》《神女赋》《登徒子好色赋》《对楚王问》，流转千年，华光仍旧不减当年。

时间推移至盛唐。王维的诗"楚塞三湘接，荆门九派通；江流天地外，山气有无中；郡邑浮前浦，波澜动远空；襄阳好风日，留醉与山翁"又自然而然地成为介绍襄阳的一张名片。

人杰地灵的襄阳，孕育了灿若繁星、数不胜数的杰出名人。

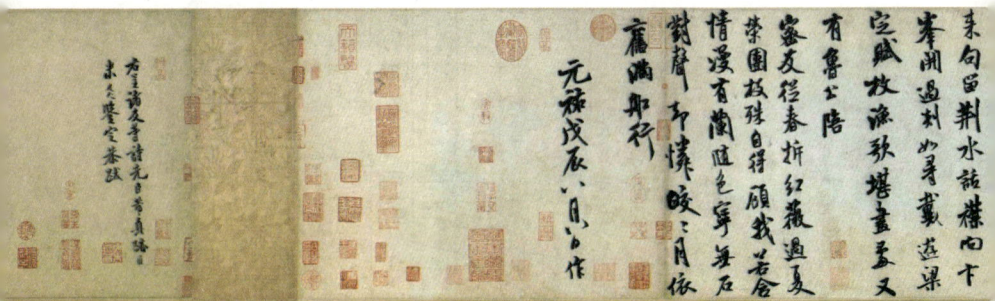

别忘了，这里还有"孟襄阳"和"米襄阳"。

田园诗人孟浩然一首"春眠不觉晓，处处闻啼鸟"，惊诧了千年的文坛，成为人们代代传颂的典范。

宋代米芾"风樯阵马"的书法和"米点山水"的绘画，更是倾倒了历朝历代多少书家。

诗仙李白、诗圣杜甫也曾驻足襄阳，留下过传颂千古的诗章。"襄阳行乐处，歌舞白铜堤，江城回绿水，花月使人迷。"李白的一首《襄阳曲》让我们无论身在何方，仿佛都能瞬间回到梦里的盛唐。

人杰地灵的襄阳，孕育的杰出名人灿若繁星，数不胜数，吴国大夫伍子胥、汉光武帝刘秀、"建

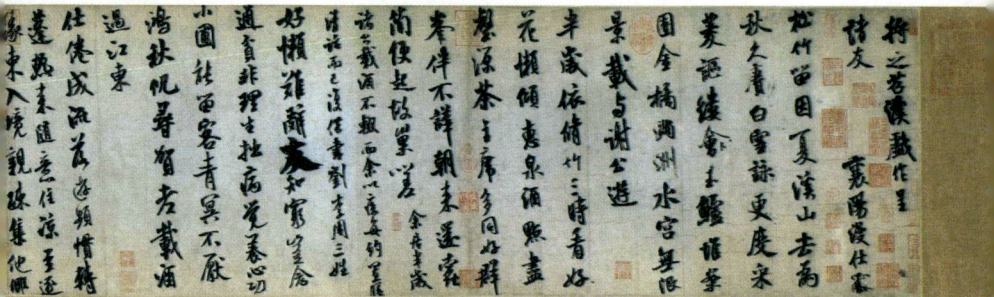

安七子"之首的王粲、盛唐大家张继、皮日休、东方圣人释道安……

也许，不管时空如何变迁，他们都还在襄阳。

襄樊吃掉了襄阳

三千多年的历史，襄阳是襄阳，樊城是樊城，区隔于两城的，是一条汉江。汉江之南，是襄阳，汉江之北，是樊城。

同襄阳一样，樊城也是一座拥有厚重历史文化的古城。

百川汇流汉江，奔腾咆哮于秦岭、武当山的峡谷山峦之间。在它的中游冲积出一片宜居的平原。公元前827年，周宣王封仲山甫于樊，樊城因此而得名。

传统京剧故事《战樊城》，讲述了春秋时期伍员脱身的故事。可见早在春秋时期，樊城已成为军事重镇。

但在三千年的变迁中，樊城却因地处平原，

无险可倚，加上城墙低矮，多次被敌方攻破，于是落得一个"铁打的襄阳，纸糊的樊城"名声。

漫长的岁月波澜曲折，直到 19 世纪末，樊城也不过是一个约 4 平方公里的小镇。在三千年的历史长河中，它都好似春蚕一般在蠕动，"古老"两字标示着它发展的缓慢。

陈老巷，是襄阳市樊城区"九街十八巷"中，仅存的一条历史街道。

中华人民共和国成立以后，由于襄阳、樊城比江而邻的地理位置，襄阳、樊城被合二为一成为襄樊市，隶属襄阳地区。

1983 年，襄樊成了地级市，而襄阳则成了它的下辖县，后又改为"襄州区"，当地人戏称"襄樊吃掉了襄阳"。

当年在襄樊市委工作的释贵明，正好经历了那一次的改名风波。

在释贵明的印象中，那时候只是考虑到照顾

樊城汉阳码头今昔。

一些同志的情绪，而且襄樊市当时在全国好多事情都叫得响，比如全国新兴城市、全国科技先进典型等。

当时，他们忽视了，襄樊市把襄阳两个字丢掉，是丢掉了几千年的文化，丢掉了几千年的文明，丢掉了几千年来襄阳人民创造的历史。只是，这种遗憾，当时谁也无法细说。

"回归"的襄阳

"鼓楼城门锁住千年的过往，昭明台上听见唐宋的波浪。高楼下北街的模样，牌坊雕花的木窗……"

在叫"襄樊"的日子里,刘云飞仍愿意把"襄阳"的元素融进自己的音乐里。

刘云飞出生于1990年,在古襄阳城里开了一间音乐工作室。闲暇时,他常抱着吉他,唱自己写的歌。

刘云飞思念的是襄阳的牛肉面、古城墙和汉江,把这些元素写进歌里,是因为家乡让他们眷恋。

刘云飞出生时,襄阳已改为"襄樊"。虽然骨子里认同"襄阳",但他平时还是乐意说,快点回"襄樊"。

曾经,因为襄阳改成了"襄樊",地名的变更也导致了诸多尴尬。

由于地名的不一致,很多信邮递员无法投递,只能

襄阳90后小伙刘云飞接受记者采访。

以"死信"处理。

　　襄阳市社科联原副主席刘克勤称，当年襄樊去日韩招商，如果介绍襄樊，对方很多不知道。但如果说是襄阳，对方就立马找到了认同感。

　　在论证将"襄樊"改回"襄阳"的日子里，刘克勤是专家组组长，在他看来，丢了一个名，便如同丢了一座城。他认为，地名的重要性就在

古隆中景区里，一些早年的标牌，还残存着襄樊的痕迹。

　　城市不断的改造拆迁中，一些古老的地名、街巷，也就此抹去。

于它不仅传承文化，也代表了当地人、千百万人的集体的记忆，包括游子们的乡愁。

2010年，刘云飞20岁，襄樊市正式更名为襄阳市。有人笑称，又夺回了千年古城。

因为黄梅戏《女驸马》第一句唱词"春风送暖到襄阳"，在将"襄樊"改为"襄阳"后，安徽省黄梅戏剧团还曾专门来襄阳祝贺。

"便下襄阳到洛阳"，"襄阳好风日，留醉与山翁"。古诗句里的襄阳似乎又回来了。

"一江碧水穿城过，十里青山半入城。"这指的也是襄阳，一江碧水穿城过，从汉江划过来，一边樊城，一边襄阳。十里青山半入城，遥看襄阳那边，青山都挨着城。

古隆中景区的导游也深有感触："游客会问，只听说过襄阳，襄樊都没听说过。一般他们都是从《射雕英雄传》里知道襄阳的。更名为襄阳，对旅游发展比较有利。"

刘克勤也说，文化的传承是润物细无声的。

有人叫好，也有人觉得，一座城市的名字，

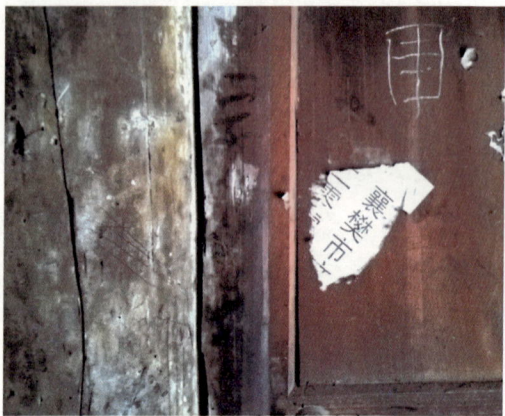

如今，襄樊这个名字，已成了历史。这是执拗地抱在门上的未被完全撕掉的封条。

改来改去，太折腾。

有人觉得"找回了襄阳"，也有人觉得"丢失了襄樊"。无所谓的年轻人反而多不赞成更名。他们认为，襄阳襄樊都是一回事儿，无非一个地名的符号。

刘云飞说："从 1949 年到现在，有两三代人对襄樊有种不可磨灭的印象。本地人有时候说我是襄阳人，有时候说我是襄樊人；有时候说这里是襄阳，有时候说这里是襄樊。他们也分不清楚。因为在他们脑海中，这两个都是十分重要的。"

但是，刘云飞还是更喜欢"襄阳"这个名字，但有时候，他也会不自觉地称自己是"襄樊"人。毕竟"襄樊"用了六十年。

或许，还要等上一个甲子的时间，"襄阳"才能重新烙回到人们的记忆里。

襄阳的老门牌，其中很多巷子已经"名存实亡"。

记者手记

　　与陌生人交往，我们习惯于问：您是哪儿的人？习以为常的寒暄，显露出故乡之于我们的意义。

　　对于一些人来说，他们的故乡是清晰的，灰瓦白墙、塞北羊肉，或者汉江小巷……但他们的故乡也是模糊的，黄山还是徽州？内蒙古或者绥远？襄阳抑或襄樊？

　　刚接到关于"地名消逝"的采访任务，我首先想到的，就是黄山——一个将沿用千年的地名，替换为境内的一座山脉名。在办公室里，我甚至幻想着，手持采访机，静静地站在古徽州的老街上，采集着小贩的吆喝声、锅碗瓢盆的碰撞声、竹林间的鸟叫虫鸣声……遗憾的是，古徽州最终没能成行。

转而做绥远的功课。于我这个生于 20 世纪 80 年代的人来说，绥远这个名字，仅仅是听过而已。中学时上历史课，学到抗日战争的时候，有个叫傅作义的人，他的老家，与我的村子，虽然分属晋秦两省，但直线距离不过 30 公里。他曾经领导的绥远抗战，在抗日战争史上，颇值得书写。但对绥远的了解，也仅限于此，并不知道它确切的位置。等我在绥远上做了一些肤浅的案头功课后，又因为另一个选题与此地有冲突，无奈作罢。接着换地方……

最终选定了襄樊改名后的襄阳。初到襄阳，我对这座古城并没有什么感觉。这里的高楼，长得与其他城市的没什么两样，甚至远不如别的大厦壮观。哪怕是当地人引以为傲的城墙，也比不上西安的规模宏大。但在襄阳近一周的时间里，登上临汉门，游在樊城的古巷，穿梭在襄阳人当中，我知道，襄阳是不一样的。襄阳的土地上，有孔明躬耕的泥味儿，透着抗击蒙古人和日军的硝烟味儿，渗着麻辣的牛肉面味儿……

襄阳人李秀桦接受记者采访。

然而，我还是不知道能采访些什么，更不知道如何用声音元素串联起这篇报道来。用广播这种纯声音元素，展现一个地名变迁，这是我从没有过的体验。几次三番地推翻采访计划，有好几次，思路似乎明朗了，甚至确信这样写出来的报道是可听的，但着手采访，就抓瞎了。在襄阳的一家宾馆里，我和湖北站同事左艾甫，崩溃得无计可施。只能求助于外脑。

从同事到部门领导刘黎黎、刘钦，那几天他们几乎被我吵到不能安睡，幸好，我焦躁不安的情绪，没有传染给他们。几番商定，定下了大思路，细枝末节的内容，边采访边看吧。

刘克勤先生是我采访的当地第一位文化人，

他从襄阳城的建城讲起，一直讲到襄阳更名襄樊，再改回襄阳的纷繁过程。他当年担任过襄阳复名专家组组长。在武昌的一家宾馆里，我们聊了四个多小时。说起襄阳复名的经过，他如数家珍：

西汉初年渐渐有了襄阳这个地名，从西汉开始就一直叫襄阳，襄樊战役包括了襄和樊，当时是两个不同的概念，就是两个不同的城市了：襄阳是襄阳，樊城是樊城，要注意中间是要打顿号的，一直到20世纪中华人民共和国成立以后，这个城市体制调整成立了襄樊市。

这中间还有一个体制秉承，是省里面有个派出机构叫襄阳地区，襄阳地区仍保持这个地名，到了1983年地市合并时撤销这个地区，两个行政机构合并为一个的时候，由于当时一些领导人考虑平衡关系，在小范围里边确定了城市的名字就叫襄樊，就一直延续了下来，这之后很多人觉得这样对于传承文化不利，使用起来也不方便，我们叫了两千多年的襄阳怎么一下子叫襄樊，很别扭，这样就提出了更名的事情。

我再声明一个事，襄阳不应该叫更名，应该是恢复名称，不是随便更改而是恢复历史上的名称。国务院在考虑襄阳恢复名称问题上是十分周全的，在当时那种情况下国内刮起了一股城市更名风的时候，国务院批准了襄阳的恢复名称。我们当地的很多同仁一直都觉得恢复名称确实很有必要，所以一再呼吁，人大代表、政协委员每年几乎都有提案议案。这样日积月累就对当地政府也产生了一定的压力。

我当时是专家组的组长，就组织了一批学者从历史史料上、名义上从各个方面做了些调研，给当地政府提供这些决策的依据，中间我们还感觉到我们的力量不够，然后又在武汉地区组织了一批当地院校的一些专家、教授进行座谈、研讨会，这些都搞过。从我们调研的结果来看，应该说绝大多数人都是非常支持、非常赞同襄阳恢复名称。

刘克勤先生是坦诚的，采访中，他有这么一

段话，我个人非常喜欢：

地名为什么说那么重要呢，为什么要费这么大的劲改呢，我觉得它不仅是传承文化，它也代表了当地人、千百万人的记忆，包括游子们的一些乡愁，特别是一些这样的历史文化名城，它们的名称不断地在一些文学作品中出现，也不断地彰显了一个地方地名的一些魅力。

释贵明，是我在襄阳采访的另一位文化名人。当年在襄樊日报工作，是襄樊摄影家协会的副主席。他留存了许多襄樊的老照片。释贵明先生用了三天的时间，带着我走遍了襄阳的老城，以及樊城的大街小巷。在一些标志性的地方，他总要拿出老照片，向我们展示襄阳的今昔对比。或许是记者出身的缘故，释贵明先生很会讲故事：

有一次我到邮局去采访，到了分拣的地方，问："你们这些信怎么没发出？"邮递员说都是"死信"。

我拿了一封信一看，恰好是我的一位邻居的，写的是"邮：襄阳武昌馆后鲁玉和收"。鲁玉和是我们家附近的一位邻居。我说这个信为什么收不到，他说："这个信我们以为是襄阳县的，就把这封信打到襄阳县，襄阳县说查无此人，又打回来，我们又送到襄阳城分局，也找不到。"因为他们搞不清襄阳和樊城的关系，认为襄阳是指襄阳城和襄阳县，我说襄阳是个大区划，武昌会馆是襄阳的一个会馆，他住在武昌会馆后面。因为是台湾来的一封信，所以可能不知道襄阳的变化，试图以信件的方式和家人取得联系。我把信拿回去给我妈妈，我妈妈找到这个老太太以后，老太太掉眼泪，改过来以后对很多海外的还有中国台湾、香港的人……都好，因为是老年人，老地名在他头脑中根深蒂固，写的是繁体字、老地名，造成现在这些投递员出现误差是正常现象。

像每一个襄阳人一样，讲起襄阳故事，释贵明先生的自豪感，洋溢满满：

襄阳人释贵明向记者讲述老照片的故事。

全唐诗中有250多首专门写襄阳的，而且我查了查，其中有50多首标题中就有襄阳。李白、杜甫、王维，都是些有名的诗人。李白写襄阳歌："襄阳小儿齐拍手，拦街争唱《白铜鞮》。"这两句诗勾画了一个风俗画。杜甫的"即从巴峡穿巫峡，便下襄阳向洛阳"勾画了一个旅行路线，现在好多旅行社将之当作旅行路线来推广。王维写的"襄阳好风日，留醉与山翁"，写了襄阳的自然环境，襄阳人的好客彪悍。250多首都是名家的诗歌，是金钱买不来的。

看台西、台中，刘表战死的地方，凤翎关，樊城的水淹七军……樊城的资源别人没有，这些资源挂的是襄阳两字，变成襄樊就不是那么回事了。"春风送暖到襄阳"，把襄阳改过来以后，安徽省黄梅剧团专门来祝贺我们襄阳，冯淑珍出来唱这一句，全场鼓掌，这说明老百姓对换成襄阳是很欢迎的。有人提议在城墙上立黄蓉拉弓像。甚至有人提议要在公园立黄蓉的雕像，这个国际的影响很大，黄蓉郭靖守襄阳就是以襄阳战争为素材写的这一部小说。如果把这些东西隔断，写个襄樊就是另外一回事了。

采访中，当地的老一辈儿文化人，津津有味地讲着襄阳的历史，颇为得意地叙述着襄樊改回襄阳有多么成功，多么重要。

但对于很多年轻人而言，与人聊起故乡，他

们还是襄樊人，他们乐于见到改回襄阳，但这也不妨碍他们怀念襄樊。比如在襄阳古城里开着一家音乐棚的 90 后小伙子刘云飞，他的一番话，其实更能代表年轻的襄阳人的想法：

我觉得有好也有坏，一方面襄樊用了六十年了，从 1949 年到现在，这里有两三代人对襄樊有种不可磨灭的印象，襄樊更能代表一种地道的感觉，但是襄阳是来自于武侠剧中的，更容易吸引全国各地的人来这，更有历史的厚重感。就是本地人分不清襄阳和襄樊，因为这两个都是蛮重要的。逢年过节回来都要到一些经常到的地方走走，吃吃牛肉面，这些东西让我们觉得并没有出去，是因为家乡有这些让我们眷念。当然最终他们留在那些地方，他们思念的是襄阳的牛肉面、古城墙、汉江，把这些元素写在这个歌里其实已经是六十多年了嘛，几代人的记忆了。其实说影响，无非是地名换了一下地图上名称换了一下，事实上我们平时还是乐意说回襄樊。有时候说不是改名了嘛，那就说回襄阳吧，但时间长了都说回襄阳吧。这是逐渐地，可能也要经过几代人，才能再把这个襄阳的记忆像襄樊一样烙在记忆里面。

是啊，故乡有它独特的历史、文化以及命运，而地名，就是这一切的载体。早在十五年前，著名作家冯骥才就曾经发表文章《地名的意义》，他说："历史街区大片铲去，地名便成了一息尚存的历史。倘再将地名删去，历史便会彻底荡然一空。我们早晚会感到这种文化的失落。"可是，频繁变换的故乡之名，在一定程度上，也会加深我们在现有文明冲击之下，本就茫然的归属感。喧嚣之中，何处是故乡？

肖　源

鲁望读襄阳耆旧传见赠五百言过褒庸材靡有称

皮日休

汉水碧于天，南荆廓然秀。庐罗遵古俗，鄢郢迷昔囿。

幽奇无得状，巉绝不能究。兴替忽矣新，山川悄然旧。

斑斑生造士，一一应玄宿。巴庸乃嵚岨，屈景实豪右。

是非既自分，泾渭不相就。粤自灵均来，清才若天漱。

伟哉洞上隐，卓尔隆中耨。始将麋鹿狎，遂

与麒麟斗。

万乘不可谒，千钟固非茂。爰从景升死，境上多兵候。

檀溪试戈船，岘岭屯贝胄。寂寞数百年，质唯包砾琇。

上玄赏唐德，生贤命之授。是为汉阳王，帝曰俞尔奏。

巨德耸神鬼，宏才轹前后。势端唯金茎，质古乃玉豆。

行叶荫大椿，词源吐洪溜。六成清庙音，一柱明堂构。

在昔房陵迁，圆穹正中漏。繄王揭然出，上下拓宇宙。

俯视三事者，骎骎若童幼。低摧护中兴，若凤视其鷇。

遇险必伸足，逢诛将引脰。既正北极尊，遂治众星谬。

重闻章陵幸，再见岐阳狩。日似新刮膜，天如重熨绉。

易政疾似欬，求贤甚于购。化之未期年，民安而国富。

翼卫两舜趋，钩陈十尧骤。忽然遗相印，如羿卸其鷇。

奸幸却乘衅，播迁遂终寿。遗庙屹峰崿，功名纷组绣。

开元文物盛，孟子生荆岫。斯文纵奇巧，秦玺新雕镂。

甘穷卧牛衣，受辱对狗窦。思变如易爻，才通似玄首。

秘于龙宫室，怪于天篆籀。知者竞欲戴，嫉者或将诟。

任达且百觚，遂为当时陋。既作才鬼终，恐为仙籍售。

予生二贤末，得作升木狖。兼济与独善，俱敢怀其臭。

江汉称炳灵，克明嗣清昼。继彼欲为三，如醨如醇酎。

既见陆夫子，弩心却伏厩。结彼世外交，遇之于邂逅。

两鹤思竞闲，双松格争瘦。唯恐别仙才，涟涟涕襟袖。

地名后记：

中国历史的活化石

　　地名是人类在各个历史时代活动的产物。它记录了人类探索世界和自我的辉煌，记录了战争、疾病、浩劫与磨难，记录了民族的变迁与融合，记录了自然环境的变化，有着丰富的历史、地理、语言、经济、民族、社会等科学内涵，是一种特殊的文化现象，也是人类历史的活化石。

　　我国幅员辽阔，历史悠久，民族众多，不仅是世界上地名数量最多的国家，而且文化底蕴之深厚也非其他国家所能比拟，是一个地名文化资源的"富矿"。我国的省、自治区、直辖市和特别行政区共有 34 个，每个地区都有大量流传久远的地名故事，其中相当多的城市还有着深厚的古典文学内涵。我们只要吟诵着"姑苏城外寒山寺，夜半钟声到客船""二十四桥明月夜，玉人何处教吹箫""丞相祠堂何处寻，锦官城外柏森森""停车坐爱枫林晚，霜叶红于二月花"等名句，苏州、扬州、成都、长沙等名城的风采就会浮现在眼前。

俗话说："一方水土养一方人，一方人筑一方城。"许多城市我们虽然没有去过，但它们的大名却早已如雷贯耳，至少也有所风闻。谁不知道吐鲁番的葡萄、哈密的瓜、和田的美玉？至于"羌笛何须怨杨柳，春风不度玉门关"或"秦皇岛外打鱼船，一片汪洋都不见"，就更是人尽皆知了。我国的边关往往也是重镇，由于那里地势险要，地形独特，或依天堑，或踞雄关，不知有多少血性男儿在那里横刀立马，挥戈上阵，与来犯之敌一决雌雄。所以这类城市往往有一种雄豪之气："葡萄美酒夜光杯，欲饮琵琶马上催；醉卧沙场君莫笑，古来征战几人回？"一读到这样的诗章，我们就不免热血沸腾，甚至"恨不遗封向酒泉"！

中国历史地名的旅游价值以其独特、深厚的文化底蕴倍受海内外游人青睐。博大精深的中华文化，凝聚着中华民族的精神与情感、思想与道德、智慧与价值，渗透到社会生活的每一层面，而地名正是其中一个独具特色的层面。在我国五千多年的历史长河中，流传着无数动人的地名故事。这些故事，有的幽默风趣，令人会心微笑；有的哀婉幽怨，令人唏嘘不已；有的气势恢宏，令人荡气回肠；有的优美动人，令人听后感到"余音绕梁三日不绝"！

图书在版编目（CIP）数据

致我们正在消逝的文化印记．地名故事／阎晓明主编．— 北京：中国广播影视出版社，2018.1（2022.1重印）
ISBN 978-7-5043-7999-3

Ⅰ．①致…　Ⅱ．①阎…　Ⅲ．①中华文化－研究②地名－中国　Ⅳ．① G122 ② K92

中国版本图书馆 CIP 数据核字 (2017) 第 223028 号

致我们正在消逝的文化印记·地名故事

阎晓明　主编

责任编辑	许珊珊　周　玲	
装帧设计	嘉信一丁	
插　　图	达　三	
责任校对	龚　晨	

出版发行	中国广播影视出版社
电　　话	010-86093580　010-86093583
社　　址	北京市西城区真武庙二条 9 号
邮　　编	100045
网　　址	www.crtp.com.cn

经　　销	全国各地新华书店
印　　刷	北京一鑫印务有限责任公司

开　　本	880 毫米 ×1230 毫米　1/32
字　　数	72(千) 字
印　　张	6.125
版　　次	2018 年 1 月第 1 版　2022 年 1 月第 3 次印刷

书　　号	ISBN 978-7-5043-7999-3
定　　价	35.00 元